DIE VORAUSSETZUNGEN
DES
KAUFMÄNNISCHEN ZURÜCKBEHALTUNGSRECHTS
(§§ 369, 379 HGB.)

UNTER BESONDERER BERÜCKSICHTIGUNG DER RECHTSPRECHUNG

VON

DR. IUR. OSCAR HAUN

LEIPZIG
VERLAG VON VEIT & COMP.
1908

Leipziger juristische Inauguraldissertation

Druck von Metzger & Wittig in Leipzig.

Inhalt.

Erstes Kapitel.

Zweites Kapitel.

Die Voraussetzungen des kaufmännischen Zurückbehaltungsrechts.

Erstes Kapitel.

§ 1.

I. Einleitung.

Als der Handelsverkehr im Laufe seiner Geschichte immer größere Ausdehnung gewann, brachte er es mit sich, daß die vom römischen Recht geschaffenen, der Kreditsicherung dienenden Rechtsinstitute, so wie sie bestanden, keinen genügenden Schutz mehr gewährten. Und doch mußte für den Kredit, der im Handelsverkehr allenthalben von Kaufleuten einerseits in Anspruch genommen, und andererseits gewährt werden muß, ein geeignetes Sicherungsmittel bestehen (vgl. auch J. W. 86, 199[25]). Denn sonst wäre bei den großen Veränderungen in den Vermögensverhältnissen, die gänzlich unvorhergesehen z. B. durch Konkurs einer Bank oder eines Geschäftsfreundes usw. eintreten können, die Realisierung der Forderungen zu ungewiß. Namentlich bewirkt auch der internationale Charakter des Handelsverkehrs durch seine weiten Entfernungen zwischen den Kontrahenten, daß es unmöglich ist, genaue Kenntnis von der Kreditwürdigkeit des Gegners zu haben; und bei der Größe der Wertobjekte, um die es sich hier meist handelt, ist das gegenseitige Vertrauen meist viel geringer und das Verlangen nach einem geeigneten Sicherungsmittel ein viel größeres. Beruht die Kreditgewährung auf der guten Meinung des Kreditierenden über die Person des Schuldners, insbesondere über sein Vermögen, Arbeitskraft und Arbeitstüchtigkeit, so ist die Form des Personalkredits gegeben. Beruht sie hingegen darauf, daß dem Kreditierenden vom Schuldner Vermögenswerte überlassen oder in anderer Form sichergestellt sind, mit der Maßgabe, daß er sich an diese im

Falle der Nichtzahlung halten kann, so ist die Form des Realkredits da. Es ist klar, daß der Realkredit dem Gläubiger eine bessere Sicherung gewährt, die l. 25 D. 50, 17 sagt auch: plus cautionis est in re, quam in persona. Die Grundlagen für einen Personalkredit sind bei der Ausdehnung der Handelsbeziehungen für den Gläubiger in den seltensten Fällen kontrollierbar. Eine Interzession eines Dritten für die Schuld (Interzessionskredit) wird auch wenig besseren Schutz gewähren, da in der Person des Dritten ja auch dieselben Ereignisse eintreten können wie in der Person des Schuldners, und dann würde auch diese Sicherung ohne praktischen Wert sein.

Von den oben erwähnten der Kreditsicherung dienenden Rechtsinstituten sind nun, von einigen diesen Zweck (wie gerichtliche Hinterlegung, Wiederkaufsrecht usw.) nur nebenbei verfolgenden, besonders die Kompensation, das Pfandrecht und das Retentionsrecht im Handelsverkehr angewandt worden. Das weitgehendste Sicherungsmittel von diesen dreien ist die Kompensation, sie gibt die Befugnis, die geschuldete Leistung für immer zurückzubehalten und ermöglicht durch die Aufrechnung die sich gegenüberstehenden Forderungen, soweit sie sich decken, zu tilgen. Eine ähnliche Wirkung hat das Pfandrecht, doch weist es für den Handelsverkehr mehrere Mängel auf, ein besonderer liegt in der Aneinanderkettung von Forderung und Pfand. „Im kaufmännischen Verkehr handelt es sich meistens nicht um ein Geschäft, sondern um eine Reihe von Geschäften, bei denen bald der eine, bald der andere Teil als Käufer, Verkäufer, Kommissionär, Wechselschuldner usw. auftritt, es sind also stets mehrere Forderungen in der Schwebe und ein Rechtsgeschäft dient oft sowohl zur Begründung neuer Verbindlichkeiten, wie zur Tilgung von Rückständen, so daß der Gläubiger die gewollte Sicherheit nur hat, wenn die in der Pfandbestellung liegende Deckung für seine jederzeitige Gesamtforderung gilt" (Protokolle 456, 460). Und selbst wenn das bestellte Pfand nicht nur für eine bestimmte Forderung, sondern für alle aus dem beiderseitigen Geschäftsverkehr entspringenden Forderungen gelten soll, kann es sich dann doch als nicht ausreichend zeigen, wenn zum Zeitpunkt seiner Geltendmachung der Betrag der geschuldeten

Leistung den Wert des Pfandes übersteigt. Sodann ist auch das Pfandobjekt ökonomisch aus dem Vermögen des Schuldners ausgeschieden, da ihm eine Disposition über dieses beschränkt ist. Ein weiterer Mangel liegt darin, daß das Verlangen der Bestellung eines Pfandes natürlich dem Vertragsgegner ein verletzendes Mißtrauen zeigt, das häufig die Anbahnung eines Geschäftsverkehrs verhindern wird (Goldschmidt, Z. 17, 199) zumal da dies Verlangen als der kaufmännischen Ehre zuwider angesehen wird (Goldschmidt 997). Den schwächsten Erfolg hatte das Zurückbehaltungsrecht so wie es vom gemeinen Recht geschaffen war, denn es berechtigte den Zurückbehaltenden nur seine selbstgeschuldete Leistung bis zur Befriedigung seiner Forderung vom Schuldner zurückzubehalten. Das Zurückbehaltungsrecht ist insoweit also nur ein indirektes Befriedigungsmittel. Denn es übt auf den Bestand der Forderung keinen Einfluß aus, es gewährt keine Befriedigung der Forderung des Gläubigers, sondern macht nur den Anspruch des Schuldners von seiner Leistung an den Gläubiger abhängig. Das Mittel, mit welchem das Ziel des Pfandrechts verwirklicht wurde, war positives Vorgehen, Verwertung des Pfandobjektes zur Ausgleichung der versicherten Forderung; das Sicherungsmittel, welches dem Zurückbehaltungsrecht innewohnte, war die Befugnis „temporärer Passivität" (Dernburg, Pfandrecht 101) gegenüber an und für sich wohlberechtigten Ansprüchen des Gegners. Das Zurückbehaltungsrecht erschöpft seine Kraft, wie schon gesagt, in der Anregung zur Zahlung, welche für den Schuldner darin liegt, daß er bis dahin eine ihm geschuldete, vielleicht unentbehrliche Leistung entbehren muß. Mit dem steigenden oder fallenden Werte dieser Leistung für den Schuldner steigt und fällt auch die Sicherungskraft des Zurückbehaltungsrechts. Da überdies Konnexität erfordert wurde, so konnte es nur in beschränktem Maße geltend gemacht werden; und besonders im Konkurse des Schuldners, wo dem Kaufmann gerade besondere Sicherheit erwünscht war, versagte es außer im Falle der KO. 49 Ziffer 3 fast ganz.

Der Handelsverkehr brauchte ein anderes Mittel, das, ohne direkt die kaufmännische Ehre des Gegners zu verletzen, doch den Inhalt hatte, daß der Gläubiger an Vermögenswerte seines Schuldners, soweit sie in seinen Händen waren, sich auch ohne ausdrückliche Verpfändung dann halten durfte, wenn der Schuldner seinen Verpflichtungen ihm gegenüber nicht nachkam.

Dies wurde durch eine Weiterbildung des gemeinrechtlichen Retentionsrechts zum speziell kaufmännischen Zurückbehaltungsrecht erreicht; sie beruhte namentlich auch auf der kaufmännischen Anschauung, daß jeder im Geschäftsverkehr in die Hand des Gläubigers gelangte Vermögensteil des Schuldners dem ersteren vollkommen sichere Deckung für alle aus dem Handelsverkehr hervorgegangene Forderungen, insbesondere im Konkurse des Schuldners bieten müsse (Goldschmidt 998). Durch diese Weiterbildung wandelte sich aber das indirekte Befriedigungs**mittel** zu einem Befriedigungs**recht** mit pfandrechtsartiger Wirkung, ohne aber ein Pfandrecht noch überhaupt ein dingliches Recht zu werden[1] und fand in dieser Gestalt Aufnahme in unser Handelsgesetzbuch.

§ 2.

II. Geschichtliche Entwicklung.

a) Im allgemeinen.

Zuerst findet sich in den Pandekten an einzelnen Stellen der Ausdruck „retinere" (Langfeld 3 Anm. 6 f.; Goldschmidt 963 Anm. 2). Dieses Recht zu retinieren beruhte auf dem Gedanken der „aequitas"; es wurde als unbillig angesehen, wenn jemand, der selbst noch an seinen Gegner eine Leistung zu bewirken hatte, von diesem Erfüllung einer anderen Verpflichtung verlangte, ohne auf die ihm obliegende Leistung Rücksicht zu nehmen. Hier, wie in so vielen Fällen, wo das strenge ius civile versagte, half der Prätor, indem er die exceptio doli gewährte, der iudex war also angewiesen jeden „dolus" zu berücksichtigen, der in diesem Falle

[1] Annalen des RG. 7, 470; RG. 14, 154; D. 212; Lehmann in Goldschmidts Z. 48, 77; Sievers 310; Schlegelberger 192—194; a. A. Cäsar 46.

darin lag, daß der Kläger einseitig Erfüllung seiner Forderung verlangte und die des Beklagten unberücksichtigt ließ. Es waren dies aber alles nur einzelne Fälle des Zurückbehaltungsrechts, ein Ausdruck Retentionsrecht (ius retentionis) findet sich nirgends in den Pandekten. Erst die Doktrin des gemeinen Rechts hat die Voraussetzungen und Wirkungen des Zurückbehaltungsrechts zusammengestellt und daraus den Begriff dieses Rechtsinstituts zu finden gesucht. Näher braucht hier nicht auf die Art dieses Rechtsinstituts eingegangen zu werden, es sei deshalb nur auf die reichhaltige Literatur hingewiesen.[1]

So wie das gemeine Recht das Zurückbehaltungsrecht ausgebildet hatte, fand es in den neueren Kodifikationen Aufnahme, es findet sich im Preußischen Landrecht Teil I Titel 20 §§ 536f., im Sächsischen bürgerlichen Gesetzbuch in den §§ 767—769, 1228, 1271, im Schweizerischen Obligationenrecht von 1881 in den Art. 224—228. Keine allgemeinen und prinzipiellen Bestimmungen über das Zurückbehaltungsrecht enthält der Code civil (Zachariä-Crome, Französisches Zivilrecht, 8. Aufl. 215); das Österreichische bürgerliche Gesetzbuch versagt dem Zurückbehaltungsrecht, abgesehen von den Fällen, in denen die Einrede des nicht erfüllten Vertrages begründet ist, die Anerkennung fast ganz, indem es auf die Möglichkeit von Arrest und Sequestration verweist (österr. BGB. 471). Die neuere Gesetzgebung kennt es auch, so in BGB. 273, HGB. 369f., KO. 15, 49, 223, StGB. 289; und zwar ist hier der Ausdruck „Zurückbehaltungsrecht" vor seinen früher auch oft gebrauchten Synonimis „Zurückhaltungsrecht, Rückbehaltungsrecht, Rückhaltungsrecht, Retentionsrecht" vorgezogen worden.

Einen ganz anderen Charakter als die vom gemeinen Recht hergeleiteten Zurückbehaltungsrechte hat das speziell kaufmännische Zurückbehaltungsrecht. Seine Entwicklung fällt nicht etwa erst in die neuere Zeit, wenn sie auch erst im alten Handelsgesetzbuch ihren Abschluß gefunden hat, es bestand vielmehr als Handelsgebrauch schon lange vorher, und lassen sich die ersten

[1] Vgl. Schenck, Die Lehre vom Retentionsrecht 17f.; Langfeld § 2 und die neueren Monographien.

Spuren in den Statuten der alten italienischen Handelsplätze Florenz, Genua und Zara im 16. Jahrhundert nachweisen (GOLDSCHMIDT 999; Universalgeschichte 302, Florentiner statuto di mercanzia lib. III, 2 dei cessanti e fuggitivi 1577, Statuten von Genua von 1589 lib. IV. tit. 14 de compensationibus). Von da aus kam dieser Handelsbrauch durch die Handelsbeziehungen mit Italien nach Deutschland und findet sich da in den Partikularrechten des 18. Jahrhunderts, besonders in den Statuten, Wechsel- und Fallitenordnungen der deutschen Handelsstädte wie Augsburg, Braunschweig, Bremen, Breslau, Danzig, Elbing, Frankfurt a/M., Hamburg, Leipzig, Nürnberg.[1] Näheres siehe bei GOLDSCHMIDT 1003 und Anm., bes. Anm. 24 und 36 und SIGEL; es sei hier nur der Inhalt des Art. 59 der Chur-Pfälzischen WO. de anno 1726 angeführt:

„Dafern jemand von einem Tertio Effecten in Händen hätte und dieser als Schuldner des Wechsels die Zahlung nicht thäte, hat der Besitzer der Effecten Macht, sich zuvorderst daraus bezahlt zu machen, es wären denn solche Effecten erweislich schon vorhin verhypothecirt oder verpfändet gewesen, und von sothaner Verpfändung der Inhaber Wissenschaft gehabt, so fort ihme bekannt gewesen, in welchem Fall das Jus Retentionis nicht Platz hat, sondern dener hierin bekannten Rechten der ohnumgängliche Leuff gelassen werden solle."

In allen diesen Bestimmungen finden wir den Gedanken, daß der Gläubiger jeden Vermögenswert seines kaufmännischen Schuldners, sofern er ihn auf rechtmäßige Weise in Besitz bekommen hat, zu seiner Sicherung und auch Befriedigung, besonders auch im Falle eines Konkurses, verwenden könne.

Noch früher als in den Statuten der italienischen Handelsstädte findet sich das Zurückbehaltungsrecht in den Seerechten, doch läßt sich aus diesen nichts Sicheres entnehmen (GOLD-

[1] Augsburger Dekret, 28. Februar 1682 (SIEGEL I, 326); Bremer WO. von 1712, Art. 56 (SIEGEL I, 276); Breslauische Meß- und WO. von 1742; Frankfurter WO. von 1666 § 19; Frankfurter WO. von 1739 §§ 54 und 48; Hamburger Statuten 1603; Hamburger Neue Fallitenordnung von 1753 Art. 34; Leipziger WO. von 1682 § 34; Nürnberger Reformation von 1564; Wiener WO. 1717 Art. 44.

SCHMIDT 1000 Anm. 12). Man kann aber begründeterweise aut Grund der allgemeinen Erfahrungstatsache annehmen, daß dieses Recht im Verkehr der Kaufleute schon früher angewandt wurde, ehe es eine Regelung in den italienischen Statuten fand.

Unverkennbare Ähnlichkeit mit dem kaufmännischen Zurückbehaltungsrecht hat der Fall des germanischen Zurückbehaltungsrechts, wie wir ihn im Schüttungsrecht der Volksrechte finden.[1] Die Befugnis zur Pfändung (Schüttung) war gegeben, wenn durch fremdes Vieh an ertragsfähigen Grundstücken ein Schaden angerichtet war; vorausgesetzt wird jedoch stets, daß die fraglichen Handlungen wirklich unrechtmäßige waren. Berechtigt war jeder Interessent am Grundstücke. Er durfte das Tier in Besitz nehmen, früher durfte er es sogar töten, damit übte er einen Druck auf den Eigentümer aus, der ihn dazu bestimmen sollte, Schadensersatz zu leisten. Der Schüttende durfte die Herausgabe des Tieres verweigern, bis ihm der Schaden erstattet war. Später wurde sodann das Recht gegeben, sich an dem zurückgehaltenen Tier für den angerichteten Schaden gut zu halten. Hierin ähnelt dieses Recht dem jetzigen Zurückbehaltungsrecht. Auch im altschwedisch-germanischen Recht findet sich ähnliches, so konnte nach wisbyschem Recht[2] der Handwerker Sachen, die ihm zum Be- oder Verarbeiten übergeben sind, für seinen verdienten Lohn verpfänden, also auch dem Besteller vorenthalten, dieses Vorenthalten heißt in diesem Recht „halda", „inni halda".

Die Rezeption des römischen Rechts hat nun zwar diese Bildungen meist beseitigt und seine Institute an deren Stelle gesetzt, aber sicher wird an den Punkten, wo der römische Rechtsgedanke mit dem germanischen übereinstimmte, die Rezeption sich schneller und müheloser vollzogen haben.

Eine definitive Regelung fand dieses Rechtsinstitut erst, als sich die deutschen Staaten näher zusammenschlossen, wie es durch Gründung des Deutschen Bundes und des Zollvereins geschah. Zwar wurde das in dieser Zeit geschaffene Handelsgesetzbuch

---

[1] GERBER, System des deutschen Privatr. 104; SCHLEGELBERGER 12 f.; siehe auch GOLDSCHMIDTS Z. 11, 182.

[2] VON AMIRA, Nordgerman. Obligationenrecht 1882 I, 249/250; GOLDSCHMIDTS Z. 11, 404.

von 1861 kein gemeines, wohl aber allgemeines Recht, als es in den meisten Staaten in den folgenden Jahren mit Gesetzeskraft für ihr Landesgebiet eingeführt wurde. Hier hatte das kaufmännische Zurückbehaltungsrecht in den Art. 313—316 seine Regelung gefunden.

Als nach Abfassung des Bürgerlichen Gesetzbuches sich eine Neubearbeitung des Handelsgesetzbuches notwendig machte, wurde das kaufmännische Zurückbehaltungsrecht aus dem alten HGB. in die §§ 369—372 des neuen mit wenigen im Laufe der folgenden Darstellung noch zu erwähnenden Änderungen aufgenommen.

§ 3.

Fortsetzung. b) Insbesondere die §§ 369, 370.

Um die Entstehungsgeschichte der §§ 369 und 370 verfolgen zu können, müssen wir die Beratungen der Nürnberger Konferenz (1856/57), deren Inhalt in den Protokollen niedergelegt ist, heranziehen.

Nach einem Beschluß, der gleich in der zweiten vorbereitenden Sitzung gefaßt wurde (Prot. 6), legte man den Beratungen den ausführlichen preußischen Entwurf zugrunde, gleichwohl sollte auch dem österreichischen Entwurf fortwährend volle Beachtung zugewandt werden.

Der Art. 233 des preußischen Entwurfes lautet nun:

> „Das kaufmännische Faustpfand (Art. 232) haftet auch für alle Forderungen aus Handelsgeschäften, welche nach der Bestellung des Pfandes und vor der Tilgung der Forderung, wofür es bestellt ist, entstehen.“

(Siehe auch Entwurf eines Handesgesetzbuches für die preußischen Staaten nebst Motiven, 119). Diese Bestimmung knüpft an die im Art. 2082 II des Code civil enthaltene an, da ist dem Pfandgläubiger ein Zurückbehaltungsrecht am Pfandobjekte wegen aller nach der Pfandbestellung kontrahierten und vor der Bezahlung der Pfandschuld fällig gewordenen Forderungen gegeben.

Durch die Bestimmung des Art. 233 wird das gemeine Recht dahin erweitert, daß an Stelle des Retentionsrechts ein gesetzliches Pfandrecht gegeben wird und dahin eingeschränkt, daß das

Recht nicht bei allen Forderungen gegeben wird, sondern nur bei Forderungen, die innerhalb eines bestimmten Zeitraums entstanden sind.

Gegen diesen Artikel wurde geltend gemacht (Prot. 454), daß die eben erwähnte Einschränkung nicht angebracht sei, man sei vielmehr im Handelsstande der Meinung, daß das Pfandrecht des Kaufmanns bezüglich aller seiner Forderungen an einen gewissen Schuldner auf alle Vermögensobjekte, außer die auf rechtswidrige Art in Besitz bekommenen, sich erstrecke. Man halte es auch für undelikat, Pfänder anzubieten oder zu verlangen.

Es wurde deshalb beantragt, an dessen Stelle den § 50 des revidierten österreichischen Entwurfes zu setzen, der seinerseits auf eine Bestimmung der österreichischen WO. von 1763 beruhe, die sich in mehr als 100jähriger Anwendung als gut herausgestellt habe. Der § 50 lautet:

„Protokollierten Handelsleuten kommt für alle ihre aus Handelsgeschäften entspringenden Forderungen auf Waren und anderes bewegliches Vermögen ihres Schuldners, welches durch Handelsaufträge oder auf andere rechtmäßige Weise in ihre Innehabung gekommen ist, das gesetzliche Pfandrecht zu, daraus unbeschadet früherer Ansprüche dritter Personen vorzugsweise ihre Befriedigung zu erlangen. Anderen Gläubigern kann darauf nur in Ansehung des Restes welcher nach Berichtigung dieser Handelsforderung erübrigt mit Wirksamkeit Verbot oder Execution erteilt werden."

Zur Widerlegung dieses Antrages wurde geltend gemacht, daß das Bedürfnis für eine solche Bestimmung noch nicht nachgewiesen sei. In Preußen habe die Kaufmannschaft eine solche Bestimmung nicht verlangt, auch keines der auswärtigen Handelsgesetze, zumal das auf weitem Gebiet geltende französische Recht sei weitergegangen.

Darauf wurde erwidert, der § 50 widerspreche keineswegs dem guten Glauben, es sei kaum gebräuchlich Verpfändungen für einzelne Forderungen vorzunehmen. Nachdem noch mehrere Abänderungen vorgeschlagen worden waren, wurde beschlossen, die in § 50 enthaltenen Grundsätze an Stelle des Art. 233 anzunehmen.

In der darauf folgenden Sitzung wurde von mehreren Seiten möglichste Einschränkung dieser Grundsätze gefordert, namentlich Vorsichtsmaßregeln dagegen zu treffen, daß nicht der Besitzer von Vermögensstücken eines Dritten, um einzelne Gläubiger desselben zu begünstigen, sich deren Forderungen zedieren lasse und ihre Befriedigung durch Geltendmachung des in § 50 aufgestellten Pfandrechts bewirke. Das französische Recht habe einen ausreichenden Schutz gewährt, indem es ein Pfand nur dann anerkenne, wenn es in einem schriftlichen Vertrage bestellt und überdies einregistriert sei; dadurch könne man immer sehen, zu welcher Zeit ein Pfand bestellt sei und ob dies etwa zur Benachteiligung der anderen, oder zur Begünstigung eines Gläubigers geschehen sei. Nachdem noch verschiedentlich über diesen Paragraph debattiert und mehrere Abänderungsanträge gestellt worden waren, beharrte aber doch die Mehrzahl der Mitglieder und namentlich die kaufmännischen bei der Ansicht der Zweckmäßigkeit des in Frage stehenden Prinzipes, das sich seit mehr als 100 Jahren in einem großen Teile Deutschlands praktisch bewährt habe (Prot. 466). Man wolle doch ein Gesetz schaffen, das für den Handelsstand bestimmt sei, da käme es nicht darauf an, ob das neue Prinzip mit dem gemeinen Zivilrecht übereinstimme oder von ihm abweiche. Die Tendenz des Prinzipes liege nicht darin, daß die vermutliche Absicht der Parteien darauf gehe, eine Verpfändung vorzunehmen, sondern bestehe darin, daß es eine Übertragung des Institutes der Kompensation von Geld auf Sachen sei (vgl. auch RG. 2, 384; 15, 99), die man sich als in Geld auflösbar, als Geldeswert vorstelle.

Die Redaktionskommission legte darauf den Art. 262 des Entwurfes erster Lesung vor, er lautete:

„Ein Kaufmann hat wegen seiner aus Handelsgeschäften entspringenden Forderungen ein gesetzliches Pfandrecht auf alle beweglichen Vermögensstücke des Schuldners, welche mit dessen Wissen und Willen in seinen Besitz (Innehabung) gekommen sind und sich noch in seinem Gewahrsam befinden, insoferne nicht die Parteien über das Gegenteil ausdrücklich oder stillschweigend übereingekommen sind.“

(Beilage I zu den Protokollen 189).

In der darauffolgenden Lesung wurde sofort beantragt, diesen Artikel zu streichen (Prot. 1339) oder eine andere Fassung, die mit einem Eventualantrag vorgeschlagen wurde, zu wählen. (Betreffs der vorgeschlagenen Fassung vgl. Prot. 1345.) Es sei gewagt, aus der Innehabung einer Sache ein Recht entstehen lassen zu wollen, nur durch den Willen des Eigentümers könne ein Recht an der Sache begründet werden und nur in Fällen, wo das offenbare Interesse des Verkehrslebens es erfordere, könne ein solcher Wille präsumiert werden. Kein anderes Land besäße so ein weitgehendes Recht in seinen Gesetzen und selbst in Österreich bestehe es nach dem österreichischen Entwurf nur für protokollierte Kaufleute und nicht in der Ausdehnung des Art. 262. Auch von Gerber, der Abgeordnete Württembergs, sprach gegen die Aufnahme des Artikels, er empfahl diese Bestimmung eher in die Konkursordnungen aufzunehmen. Schließlich wurde doch beschlossen, den Artikel beizubehalten, doch sollte über eventuelle Modifikationen noch beraten werden.

Daraufhin wurden drei Fassungen vorgeschlagen, erstens (Prot. 1356):

„Ein Kaufmann, welcher gegen einen anderen Kaufmann eine fällige Forderung aus beiderseitigen Handelsgeschäften hat, ist befugt, die beweglichen Vermögensstücke des Schuldners, welche mit Wissen und Willen desselben infolge von Handelsgeschäften in seinen Besitz gekommen sind und sich noch in seinem Besitz befinden, zur Sicherung seiner Forderung zurückzuhalten, wenn in dem Falle nach den Anschauungen des kaufmännischen Verkehrs angenommen werden kann, daß dieser Besitz bei der Entstehung oder Fortdauer des Schuldverhältnisses in Rücksicht genommen worden ist. Er ist verpflichtet, von der Ausübung dieser Befugnisse den Schuldner ohne Verzug zu benachrichtigen und kann, wenn dieser ihn nicht rechtzeitig anderweit sichert, durch Klage bei dem für ihn selbst zuständigen Gericht gegen den Schuldner den Verkauf der Sachen zu seiner Befriedigung vor den anderen Gläubigern des Schuldners verordnen zu lassen.

Dies Recht kann auch gegenüber der Konkursmasse des Schuldners geltend gemacht werden.“

Der Antragsteller führte aus: durch die Fassung des Art. 262 sei ein Kaufmann in den Stand gesetzt, die wohl berechneten Dispositionen eines anderen zu zerstören. Die Vorschrift des Art. 262 müsse auch auf den Verkehr unter Kaufleuten und ihren Handelsverkehr beschränkt werden. Es erscheine auch ein Retentionsrecht als genügend, da das Pfandrecht nach den in den deutschen Gebieten herrschenden Rechten verschiedene Wirkungen habe, also die Ungleichheit nur noch mehren würde (vgl. STEGEMANN 2, 69).

Der zweite Antrag schlug folgende Fassung vor (Prot. 1356):

„Ein Kaufmann hat wegen aller aus seinen Handelsgeschäften entspringenden Forderungen ein Pfandrecht (bzw. Retentionsrecht) auf alle beweglichen Vermögensstücke seines Schuldners, welche mit dessen Wissen und Willen in seinen Besitz (Innehabung) gekommen sind und sich noch in seinem Gewahrsam befinden, oder über welche er sonst, insbesondere vermittelst der Konossemente, Lade- oder Lagerscheine, zu verfügen in der Lage ist. Er kann hieraus seine fälligen Forderungen befriedigen (Art. 259, 260, 261) und ist nur schuldig den nach seiner Befriedigung erübrigenden Rest an den Schuldner oder dessen Konkursmasse herauszugeben.“

Der dritte endlich (Prot. 1357):

„Ein Kaufmann hat wegen seiner aus Handelsgeschäften entspringenden fälligen Forderungen ein Retentionsrecht an allen beweglichen Sachen und allen Wertpapieren des Schuldners, welche mit seinen Willen auf Grund eines Handelsgeschäfts in seinen Besitz gekommen sind, sofern er dieselben noch in seinem Gewahrsam hat oder sonst, insbesondere vermittelst der Konossemente, Lade- oder Lagerscheine noch in der Lage ist, über dieselben zu verfügen.

Dieses Retentionsrecht fällt weg, wenn die Retention der von ihm vor oder nach Empfang der Gegenstände übernommenen Verpflichtung, in einer speziell vorgeschriebenen Weise mit denselben zu verfahren, widerstreiten würde.

Sind jedoch nach übernommener Verpflichtung Umstände eingetreten oder dem Gläubiger bekannt geworden, welche seine

Befriedigung als unwahrscheinlich herausstellen, so besteht das Retentionsrecht und in diesem Falle auch wegen der nichtfälligen Forderung.

In diesem Fall, sowie im Fall des Konkurses des Schuldners hat der Gläubiger die Rechte eines Faustpfandgläubigers.

Die erwähnten Rechte treten nicht ein, soweit die Parteien hierüber ausdrücklich oder stillschweigend übereingekommen sind."

Dessen Antragsteller befürwortete die Ausdehnung des im Art. 262 enthaltenen Rechts auch auf Wertpapiere, außer auf bewegliche Sachen. Sodann genüge es, wenn die zu retinierenden Sachen mit dem Willen des Schuldners in den Besitz des Gläubigers gekommen seien, auch wenn er von dem Akte der Besitzergreifung keine Kenntnis erlangt habe, es seien deshalb die Worte: „Wissen und" wegzulassen. Absatz 2 und 3 bringe berechtigte Modifikationen. Nach eingehenderen Debatten wurde der dritte Vorschlag ohne allzugroße Abänderung angenommen.

In dem von der Redaktionskommission beschlossenen Entwurf nach den Beschlüssen der zweiten Lesung lautet der Art. 294:

„Ein Kaufmann hat wegen der fälligen Forderungen, welche ihm gegen einen anderen Kaufmann aus den zwischen ihnen geschlossenen beiderseitigen Handelsgeschäften zustehen, ein Zurückbehaltungsrecht (Retentionsrecht) an allen beweglichen Sachen und Wertpapieren des Schuldners, welche mit dessen Willen auf Grund von Handelsgeschäften in seinen Besitz gekommen sind, sofern er dieselben noch in seinem Gewahrsam hat oder sonst, insbesondere vermittelst Konossemente, Lade- oder Lagerscheine noch in der Lage ist, darüber zu verfügen.

Dieses Recht tritt jedoch nicht ein, wenn die Zurückbehaltung der Gegenstände der vom Gläubiger übernommenen Verpflichtung, in einer bestimmt vorgeschriebenen Weise mit denselben zu verfahren, widerstreiten würde.

Das Zurückbehaltungsrecht besteht selbst für die nicht fälligen Forderungen, wenn der Schuldner unsicher geworden ist.

Im Falle der Schuldner unsicher geworden ist, steht auch die Übernahme der Verpflichtung, in einer bestimmt vorgeschriebenen Weise mit den Gegenständen zu verfahren, dem

Zurückbehaltungsrecht nicht entgegen, sofern die Umstände, aus welchen die Unsicherheit hervorgeht, erst nach der Übernahme der Verpflichtung eingetreten oder dem Gläubiger bekannt geworden sind.

Der Gläubiger ist verpflichtet, von der Ausübung des Zurückbehaltungsrechts den Schuldner ohne Verzug zu benachrichtigen. Er ist befugt, wenn ihn dieser nicht rechtzeitig in anderer Weise sichert, im Wege der Klage bei dem für ihn selbst zuständigen Gerichte gegen den Schuldner den Verkauf der Gegenstände zu beantragen; er kann sich aus dem Erlöse vor den andern Gläubigern des Schuldners befriedigen. Der Gläubiger hat diese Rechte auch gegenüber der Konkursmasse des Schuldners.

Die in diesem Artikel dem Gläubiger gegebenen Rechte treten nicht ein, soweit die Parteien dies besonders vereinbart haben."

Ein von Württemberg entgegengestellter Antrag wurde abgelehnt (Prot. 4577).

In der dritten Lesung wurde nun der Art. 294 in einzelnen Bestimmungen noch abgeändert (näheres bei der Besprechung der einzelnen Voraussetzungen), insbesondere wurde sein dritter Absatz genauer präzisiert und das ganze Rechtsinstitut auf mehrere Artikel verteilt. Es fand in den Art. 313—316 im allgemeinen deutschen HGB. Aufnahme. (Es ist in dieser Fassung noch in Kraft in Österreich und Liechtenstein, mit geringer Abänderung noch in Ungarn, Bosnien und der Herzegowina und in der Schweiz.)

Wie schon oben in § 2 (a. E.) erwähnt wurde, werden die geringfügigen Änderungen, die bei der Revision des alten Handelsgesetzbuches sich infolge der einheitlichen Regelung des bürgerlichen Rechts notwendig machten, in der folgenden Darstellung erwähnt werden.

Im neuen HGB. findet sich das Rechtsinstitut in den §§ 369 bis 372.

Zweites Kapitel.

Die Voraussetzungen des kaufmännischen Zurückbehaltungsrechts.

§ 4.

I. Im allgemeinen.

Im gemeinen Recht war es die Aufgabe der Wissenschaft, die Voraussetzungen des Retentionsrechts aus den Quellenstellen abzuleiten; dagegen stellt schon das alte Handelsgesetzbuch und ebenso das neue die Voraussetzungen für das Zurückbehaltungsrecht theoretisch fest, ohne, wie es das BGB. tut, eine Begriffsbestimmung zu geben. Das Institut ist auch im Gesetz nirgends als kaufmännisches Zurückbehaltungsrecht bezeichnet, doch da es auf das engste Gebiet des Handelsverkehrs zwischen Kaufleuten begrenzt ist, hat man das Zurückbehaltungsrecht der §§ 369 bis 372 HGB. das kaufmännische im spezifisch technischen Sinne genannt.

Eine selbstverständliche Voraussetzung, die schon aus dem Namen Zurückbehaltungsrecht hervorgeht, ist die, daß der Zurückbehaltende etwas in Händen hat, was er eigentlich an den Zurückbehaltungsgegner leisten müßte, denn man kann nur zurückbehalten, was man hat und herauszugeben eigentlich verpflichtet ist. Sodann muß der Zurückbehaltende ein Recht auf eine Gegenleistung haben. Daraus, daß dieses Zurückbehaltungsrecht ein speziell kaufmännisches ist, folgt, daß die Ansprüche, die sich gegenüberstehen, besonderen Erfordernissen entsprechen müssen, wie wir später noch sehen werden. Besonders hervorgehoben wird ein Erfordernis, nämlich das Fehlen einer der Zurückbehaltung entgegenstehenden (erteilten) Anweisung oder (übernommenen) Verpflichtung. Überhaupt ist eine der ersten Voraussetzungen die, daß die Geltendmachung des Zurückbehaltungsrechts nicht einer privaten Parteivereinbarung zuwider erfolgt. Die Grundsätze von Treu und Glauben sind namentlich im Handelsverkehr genauestens zu beachten. Für das alte HGB. sprach der Art. 316 besonders aus:

„Die in den Art. 313—315 dem Gläubiger gegebenen Rechte treten nicht ein, soweit die Parteien dies besonders vereinbart haben."

Damit war ausgesprochen, daß diese Bestimmungen des HGB. wie die meisten dispositiver Natur sein sollen, daß also die Parteien das im Gesetz normierte Recht mit seinen Wirkungen ausschließen können. Nun ist zwar diese Bestimmung des Art. 316 nicht mit ins neue HGB. aufgenommen worden, doch soll damit keineswegs gesagt sein, daß dieser Satz für das neue Recht nicht gelten solle. Es ergibt sich dies daraus, daß die Normen, durch welche das HGB. das kaufmännische Zurückbehaltungsrecht regelt, durchweg dispositives Recht enthalten und aus der ganzen Tendenz des Handelsgesetzes, daß Treu und Glauben die Norm für allen Rechtsverkehr sein soll; auch der dem Art. 279 des alten HGB. entsprechende § 346 des neuen HGB. enthält ja diesen Grundsatz. Sodann muß hier als subsidiäres Recht das bürgerliche Recht mit seinen Bestimmungen herangezogen werden (Art. 2 Abs. 1 EG. HGB.) und da sind die §§ 133 und 157 BGB. die eigentlichen sedes materiae für die Frage der Auslegung von Willenserklärungen auch für das Handelsrecht. (Staub 1138 Anm. zu 346.) Aus diesen Gründen hat sich der Art. 316 für das neue HGB. als überflüssig erwiesen. Auf demselben Gedanken beruht die in § 369 III verlangte Voraussetzung (siehe unten § 13), von der nur im Falle des § 370 Abstand genommen wird (siehe unten § 14), aus diesem Grunde scheidet sich das Zurückbehaltungsrecht in ein ordentliches und außerordentliches, auch Notzurückbehaltungsrecht genannt.

In den gesamten Voraussetzungen, die ein Existentwerden des kaufmännischen Zurückbehaltungsrechts bedingen, kann man eine Präzisierung des Erfordernisses der Konnexität zwischen Forderung und Sache erblicken (Sträuli 58), deren Vorhandensein das gemeine Recht zu seiner wichtigsten Existenzbedingung machte. Der Begriff dieser Konnexität konnte aber für das kaufmännische Zurückbehaltungsrecht nicht beibehalten werden, weil er für das kaufmännische Leben unzweckmäßig war, zumal da sein Charakter nicht bestimmt genug war; man ließ daher dies Erfordernis weg, verlangte aber ein Äquivalent. Die Änderung gegenüber dem gemeinen Recht lag darin, daß an Stelle der aus den einzelnen Stellen des corpus iuris civilis genommenen Konnexitätskategorien eine ganz bestimmte Wechselbeziehung zwischen Sache und Forderung verlangt wurde, nämlich ein bestimmter Zusammenhang mit dem Geschäftsverkehr der Parteien (Näheres siehe unten § 10).

Es ist klar, daß nicht alle Voraussetzungen in demselben Augenblick eintreten, es wird vielmehr oft der Fall sein, daß bevor an eine Geltendmachung des Zurückbehaltungsrechts gedacht wird, schon dieses oder jenes für seine Entstehung wichtige Moment vorliegt. Es kann auch vorkommen, daß schon eingetretene Voraussetzungen später wieder wegfallen, wodurch dann das Entstehen des Zurückbehaltungsrechts gehindert wird. Dieser Prozeß, daß die einzelnen Erfordernisse eintreten, kann schnell vor sich gehen, oder auch lange Zeit zu seiner Vollendung gebrauchen, seinen Abschluß findet er erst dann, wenn sämtliche Voraussetzungen, die das Gesetz verlangt, vorliegen. Jetzt erst ist das Zurückbehaltungsrecht existent geworden und kann vom Gläubiger geltend gemacht werden, und nur der Endpunkt dieser Entwicklung, der Augenblick der Geltendmachung des Zurückbehaltungsrechts ist entscheidend. Vorher können die Erfordernisse dagewesen und wieder weggefallen sein, wenn sie alle nur in diesem Augenblick wieder vorhanden sind.

II. Die Voraussetzungen des ordentlichen kaufmännischen Zurückbehaltungsrechts (§ 369).

§ 5.

1. Die Personen.

Das Zurückbehaltungsrecht ist ausschließlich für den Verkehr zwischen Kaufleuten bestimmt; es kann nach § 369 nur von einem Kaufmann gegen einen Kaufmann ausgeübt werden (Busch A. 3, 89). Wie wir oben gesehen haben, hatte der Art. 262 des Entwurfes erster Lesung im Anschluß an den österreichischen Entwurf lediglich auf seiten des Retinenten diese Eigenschaft gefordert, und gab das Zurückbehaltungsrecht auch dem Gläubiger, wenn er Kaufmann war, gegenüber einem Nichtkaufmann (ebenso österr. WO. von 1763 Art. 43). Da aber hierdurch der kaufmännische Gläubiger ganz unbegründeterweise von dem nichtkaufmännischen bevorzugt wurde, was besonders im Falle eines Konkurses hervorgetreten wäre, so wurde später mit Recht auf beiden Seiten die Kaufmannseigenschaft verlangt (Prot. 1350), denn beide Geschäftsparteien sind bei gleichen Verhältnissen auch gleich zu behandeln. Wegen einer Forderung aus einem einseitigen Handelsgeschäft, z. B. offensichtlicher Kauf eines Kaufmanns für seinen Haushalt oder Privatgebrauch, kann nicht zurückbehalten werden.

Wer als Kaufmann anzusehen ist, das bestimmen die §§ 1 bis 5; es gehören danach alle diejenigen dazu, welche ein Handelsgewerbe im Sinne von § 1 II betreiben, auch juristische Personen. Betreiben heißt im eigenen Namen das Handelsgewerbe treiben (wenn auch für Rechnung eines anderen, RG. 37, 61) oder treiben lassen. Kein Kaufmann ist also der Prokurist, der Handlungsgehilfe (J. W. 02, 424; ROHG. 24, 113; vgl. auch RG. 10, 163; 14, 112). Die Gesellschafter einer offenen Handelsgesellschaft sind als solche Kaufleute (ROHG. 3, 434), und zwar auch während der Dauer der Liquidation (ROHG. 23, 144), aber immer nur in bezug auf ihre Teilhaberschaft an der Handelsgesellschaft; ebenso der persönlich haftende Gesellschafter einer Kommanditgesellschaft. Kein Kaufmann ist der Kommanditist (bestritten), keiner der stille Gesellschafter. Auch das Reich, die Bundesstaaten und inländische Kommunalverbände sind, falls sie ein handelsgewerbliches Unternehmen betreiben, Kaufleute, denn es ist nicht notwendig, daß der gewerbliche Betrieb der Handelsgeschäfte den ausschließlichen oder den Hauptberuf bildet. Die staatliche Eisenbahnverwaltung ist, wie in mehreren Entscheidungen des Reichsgerichts festgestellt wurde, Kaufmann (RGSt. 8, 147; ROHG. 23, 9). Ohne Rücksicht auf ihren Betrieb sind Kaufleute: die Aktiengesellschaft (§ 210 II), die Kommanditaktiengesellschaft (§ 320 III), die eingetragene Genossenschaft (Gesetz betr. die Erwerbs- und Wirtschaftsgenossenschaften vom 1. Mai 1889 § 17 II), die Gesellschaft mit beschränkter Haftung (Gesetz vom 20. April 1892 § 13 III). Keine Kaufleute sind kraft positiver Vorschrift (§ 452) die Postverwaltungen des Reichs und der Bundesstaaten.

Die Vollkaufmannseigenschaft wird nicht gefordert, denn sonst hebt das Gesetz es immer besonders hervor, wenn eine Vorschrift auf Minderkaufleute keine Anwendung finden soll. Also kann auch ein Minderkaufmann das Zurückbehaltungsrecht ausüben und kann es gegen ihn ausgeübt werden.

Auch die sogenannten Soll- und Kannkaufleute (§ 2, 3) sind Kaufleute im Sinne des § 369, sobald ihre Firma im Handelsregister eingetragen ist; und ebenso der Scheinkaufmann (§ 5) der infolge der Eintragung als Kaufmann angesehen wird, obwohl das unter der Firma betriebene Gewerbe kein Handelsgewerbe ist. Dabei ist zu beachten, daß zwar gegen ihn ein Zurückbehaltungsrecht begründet werden kann, daß er selbst sich aber nicht auf die eingetragene Tatsache berufen kann, denn das Gesetz verlangt ausdrücklich die Kaufmannseigenschaft. Diese besteht aber nicht, sondern wird nur zugunsten Dritter fingiert. Da auch Minderjährige Kaufleute sein können und ihnen die kaufmännischen Rechte und Pflichten zukommen, so findet auch auf sie gegebenen Falles das kaufmännische Zurückbehaltungsrecht Anwendung.

Auch der Handlungsagent ist Kaufmann, deshalb gebührt ihm auch wegen der fälligen Provision gemäß § 369 HGB. ein Zurückbehaltungsrecht (Kaufmann 4, 137; Neumann 2 zu 369; OLG. 6, 350), insbesondere an dem ihm anvertrauten Kommissionslager, jedoch erst nach beendetem Vertragsverhältnis (Bolze 11 Nr. 319; Kaufmann 6, 131). Bis dahin hat er den Dispositionen des Geschäftsherrn über das ihm anvertraute Gut Folge zu leisten. Er hat vor beendetem Vertragsverhältnis deshalb kein Zurückbehaltungsrecht, weil § 369 verlangt, daß die zurückbehaltenen Sachen in den Besitz des Zurückbehaltungsberechtigten gelangt sein müssen. Der Handlungsagent ist aber nicht Besitzer der mitgegebenen Gegenstände und der eingezogenen Geldbeträge; Besitzer ist vielmehr immer der Geschäftsherr, er ist nur Besitzdiener. Denn wenn auch der Agent nicht in einem direkten Abhängigkeitsverhältnis zum Geschäftsherrn steht, so doch in einem solchen, vermöge dessen er den sich auf die Sachen beziehenden Weisungen des Geschäftsherrn Folge zu leisten hat (§ 855 BGB.). Allerdings erlischt der Besitz des Geschäftsherrn, sobald der Besitzdiener auch nur einseitig dies Verhältnis löst und dies betätigt (vgl. § 856 Abs. 1 BGB.; Seuffert A. 51, 122). Schon vor Beendigung des Vertragsverhältnisses steht ihm ein Zurückbehaltungsrecht nach § 370 HGB. zu (Kaufmann 6, 131). Er kann aber ein Zurückbehaltungsrecht an den für den Geschäftsherrn auf Grund der Inkassovollmacht vereinnahmten Geldern weder auf die allgemeine Behauptung stützen, die Rechnung sei unvollständig, noch auch auf die bloße Möglichkeit, daß noch Provisionsansprüche ausstünden (ROHG. 18, 2; Bolze 7 Nr. 512), wohl aber steht ihm dieses Recht dann zu, wenn mit Sicherheit anzunehmen ist, daß er Provisionsansprüche hat, wenngleich er auch infolge verweigerten Nachweises deren Höhe noch nicht angeben kann (Bolze 11 Nr. 319).

Dem Handlungsreisenden kann gegenüber seinem Prinzipal kein Zurückbehaltungsrecht zugebilligt werden (OLG. 6, 350; vgl. auch Busch A. 9, 472), denn, obwohl das Verhältnis des Handlungsreisenden zu seinem Prinzipal für jenen als Handelsgeschäft zu beurteilen ist, besitzt doch der Handlungsreisende als solcher nicht Kaufmannsqualität und kann daher ein Zurückbehaltungsrecht desselben für seine Forderungen aus dem Dienstverhältnis nach dem HGB. nicht anerkannt werden (ROHG 16, 82). Nur in dem Falle, wenn ein selbständiger Kaufmann zum Handlungsbevollmächtigten, insbesondere zum Handlungsreisenden bestellt wäre, könnte ein Zurückbehaltungsrecht in Frage kommen; aber auch hier wäre dessen Anwendbarkeit sehr gering, da er nur Besitzdiener des Geschäftsherrn ist. Wohl aber hat der Handlungsreisende, der Verwendungen auf eine rechtmäßig erlangte, aber dem Prinzipal gehörende Sache gemacht hat, zur Sicherung seiner Ersatzansprüche ein Zurückbehaltungsrecht an dieser Sache nach bürgerlichem Recht (Recht 1903, 236). Ursprünglich war in der Kommissionssitzung beantragt worden, ihm seinem Prinzipal gegenüber jedes Zurückbehaltungsrecht abzusprechen; bei näherer Betrachtung der Verhältnisse fehlte es jedoch an einer Begründung gerade dem Handlungsreisenden ein

Recht zu nehmen, daß sonst jedem Dritten zusteht (Hahn-Mugdan 561).

Die Kaufmannseigenschaft muß nicht nur zur Zeit der Entstehung der Forderung auf beiden Seiten vorhanden sein, denn sonst genügte ja das Erfordernis, daß die Forderung aus beiderseitigen Handelsgeschäften, die nur zwischen Kaufleuten vorliegen können, herrühren müsse, sondern sie muß auch zur Zeit der Entstehung des Zurückbehaltungsrechts vorhanden sein, das besagt das Erfordernis der beiderseitigen Kaufmannseigenschaft. Der Kaufmann ist zur Ausübung des Zurückbehaltungsrechts und gegen einen Kaufmann ist die Ausübung des Zurückbehaltungsrechts nur so lange möglich, als sie Kaufleute sind. Dies Recht wird zu einem erworbenen (unabhängig von den Bedingungen seiner Entstehung fortdauernden) Recht erst durch seine Ausübung. Diese ist nur möglich, solange der Ausübende und sein Gegner Kaufleute sind, da nach § 1 nicht auch derjenige, welcher früher Kaufmann war, als solcher angesehen wird. Die Befugnis zur Geltendmachung des Zurückbehaltungsrechts geht von selbst mit der Kaufmannseigenschaft verloren, während das Recht, daß durch die bereits geschehene Ausübung der Befugnis erworben worden ist, ungeachtet des Verlustes der Kaufmannseigenschaft auf einer von beiden Seiten bestehen bleibt (Busch A. N. F. 13, 239; Staub Anm. 4 zu 369; Makower 1108; Lehmann in Goldschmidts Z. 48, 77; Striethorst, Archiv für Rechtsfälle des Kgl. Obertribunals 99, 125; ROHG. 6, 213 sagt, daß der Augenblick entscheidend sei, in dem das Recht ausgeübt werde; ebenso Gruchot 21, 605 und Linde 23, 27; vgl. auch Gruchot 44, 1069).

Der Verlust der Eigenschaft als Kaufmann tritt bei den Handelsgesellschaften erst mit der Beendigung der Liquidation (ROHG. 22, 328; 23, 144), bei einem in Konkurs geratenen Kaufmann nur dann ein, wenn er nach der Konkurseröffnung nicht fortfährt, Handelsgeschäfte gewerbsmäßig zu betreiben (RG. 13, 152). Auch von und gegen einen gewesenen Kaufmann kann das einmal erworbene Zurückbehaltungsrecht geltend gemacht werden, so beim Scheinkaufmann, wenn später die Löschung des Eintrages erfolgte, weil die Voraussetzungen hierzu nicht vorhanden waren (Düringer-Hachenburg 559).

2. Die Gegenstände.

§ 6.

a) Bewegliche Sachen und Wertpapiere.

§ 369 bestimmt, daß das kaufmännische Zurückbehaltungsrecht nur an den beweglichen Sachen und Wertpapieren des Schuldners, welche mit dessen Willen auf Grund von Handelsgeschäften in seinen Besitz gelangt sind, möglich ist, sofern er sie noch im Besitz hat, insbesondere mittels Konnossement, Lade- oder Lagerscheins darüber verfügen kann. (§ 35 des Hamburger Einführungsgesetzes zum ADHGB. bestimmte, daß ein Zurückbehaltungsrecht nicht nur an den im HGB. bezeichneten Sachen und Wertpapieren, sondern in bezug auf alle Sachen ausgeübt werden könne, an welchen der Inhaber auf redliche Weise Besitz erlangt habe.) Ausgeschlossen sind also durch diese Gesetzesvorschrift Immobilien, nach dem alten HGB. waren sie schon deshalb vom Zurückbehaltungsrecht ausgeschlossen, weil sie nie auf Grund von Handelsgeschäften in Besitz bekommen werden können, denn Art. 275 sagt: „Verträge über bewegliche Sachen sind keine Handelsgeschäfte". Nach dem neuen HGB., das diese Bestimmung nicht mit aufgenommen hat, können nun Verträge über Immobilien Gegenstand eines Handelsgeschäftes sein, doch nimmt ihnen die Bestimmung des § 369 die Fähigkeit, Gegenstand des Zurückbehaltungsrechts zu sein.

a) Bewegliche Sachen. Der Begriff der beweglichen Sache ist aus allgemeinen Grundsätzen herzuleiten (vgl. auch J. W. 90, 257[7]). Sache ist nach § 90 BGB. nur ein körperlicher Gegenstand, dieser Begriff muß auch dem Handelsrecht zugrunde gelegt werden,[1] doch dies mit einer unten zu erwähnenden Einschränkung; denn würde man den Begriff des BGB. uneingeschränkt annehmen wollen, so würden ja die Wertpapiere wie im BGB. mit unter den Begriff der beweglichen Sache fallen. Der Ausdruck be-

---

[1] RG. 10, 40; 17, 57; 26, 44; 47, 106; ROHG. 9, 242; Dernburg, Kompensation 442 tadelt die Beschränkung des Zurückbehaltungsrechts auf körperliche Sachen.

wegliche Sache findet sich noch öfters im HGB., und zwar allein dieser Ausdruck in den §§ 366, 375, 381 II, 406 II, dann bewegliche Sachen im Gegensatz zu Wertpapieren in § 369 und § 1 Nr. 1, im letzten Paragraphen ist noch hinter bewegliche Sachen in Klammer eingeführt („Waren"). Dieser Ausdruck wiederum findet sich im HGB. allein in den §§ 39 III, 55 III, 56, 86 II, 360, 362 II, 373, 376, 377 f. und im Gegensatz zu Wertpapieren in den §§ 93 f., 261, 381, 383. Es fragt sich nun, ob der Zusatz Waren im § 1 eine Begriffsbestimmung von beweglichen Sachen geben soll, oder ob beide Ausdrücke gleichbedeutend sein sollen, nur, daß der eine eine umfassendere Bedeutung als der andere hat. Zunächst ist richtig was Staub (Anm. 38 zu § 1) sagt, daß aus dem eingeklammerten Wort Waren im § 1 zu ersehen ist, daß zu den beweglichen Sachen des § 1 nicht alle körperlichen Gegenstände gehören, vielmehr nur diejenigen, die Gegenstände des Handelsverkehrs sind. Aber diese Bestimmung führt noch nicht zum Ziel, denn erst der einzelne Fall zeigt, was Gegenstand des Handelsverkehrs sein kann. Düringer-Hachenburg sagt (Anm. VI 2c zu § 1), daß Waren nur „zur Veräußerung bestimmte bewegliche Sachen seien"; er meint also, daß der Ausdruck bewegliche Sachen umfassender sei und Waren nur einen Teil dieser beweglichen Sachen bilden. Dagegen sagt aber Makower (zu § 1 S. 21) mit Recht, daß diese Begriffsbestimmung nicht zutrifft, denn ein Gegenstand, der für den Käufer zur Veräußerung bestimmt ist, braucht dies nicht auch für den Verkäufer zu sein, und umgekehrt; z. B. ein Sammler verkauft seine Sammlung infolge von Not an einen Händler, da sind wohl für den Händler die Objekte als „zur Veräußerung bestimmt", aber nicht für den Sammler. Aber an manchen Stellen steht der Ausdruck Waren allein, und ist doch ebenso umfassend wie der Ausdruck bewegliche Sachen, so § 373 verglichen mit § 375. Im Schlußergebnis der Betrachtung muß man der Ansicht Makowers (a. a. O.) folgen, daß das Wort „Waren" gleichbedeutend mit „bewegliche Sachen" ist; nur daß dem Wort „Waren" nicht an allen Stellen gleich umfassende Bedeutung zukommt, diese vielmehr in jedem einzelnen Falle besonders ermittelt werden muß.

Im Falle des § 369 ist bewegliche Sachen gleichbedeutend mit Waren, und sagt also damit, daß diese Gegenstände des Handelsverkehrs sein müssen (RGSt. 13, 440). Geld wird in der Regel kein Gegenstand des handelsrechtlichen Zurückbehaltungsrechts sein können. Geldsummen, d. h. Wertquantitäten, welche in Geld ausgedrückt und zu leisten sind, lassen sich nur zur Kompensation, nicht zur kaufmännischen Zurückbehaltung verwenden. In manchen Fällen kann Geld auch zu den beweglichen Sachen gehören, z. B. wenn Geldsorten zu dem Zwecke gekauft werden, um weiter veräußert zu werden (Mot. 59 zum BörsG., anders BörsG. § 80), oder ein Juwelier Sieges- oder Sterbetaler usw. aufkauft, um sie zu Schmuckgegenständen zu verarbeiten, in diesem Falle kann ein kaufmännisches Zurückbehaltungsrecht an diesem Geld bestehen. Ferner kann ein Zurückbehaltungsrecht an Geld bestehen, wenn es sich dabei um Geld als Spezies handelt, z. B. als einzelne Geldstücke oder Geldrollen oder Geld in versiegelten Säcken (Wengler A. 3, 226). Doch wird in der Regel diese Voraussetzung im Verkehr nicht vorliegen, der Empfänger einer Geldsumme kann nicht einseitig dadurch, daß er die empfangene Summe gesondert beiseite legt, aus der Summe eine Mehrheit von Spezies machen. Hier ist nur, wie schon gesagt, Platz für die Aufrechnung. Kein Zurückbehaltungsrecht ist möglich beim depositum irregulare an den eingezahlten Geldern, da diese hier nicht als Speziessachen aufbewahrt zu werden pflegen (ROHG. 9, 436; RG. 12, 90). Die bei einer Bank auf Girokonto eingezahlten Beträge sind als depositum irregulare anzusehen, aus diesem Grund und auch schon deshalb, weil es sich hier um Geldsummen handelt, hat die Bank an ihnen kein Zurückbehaltungsrecht. Nicht zur Sache im Sinne dieser Vorschrift ist ein Recht zu zählen, z. B. ein Patentrecht, Firmenrecht, Urheberrecht, Anteil an einer Gesellschaft, denn das HGB. spricht von den Sachen im Gegensatz zu den Rechten, sie können daher nicht als zu den Sachen des § 369 gehörig angesehen werden. Könnte man aber vielleicht am Manuskript ein Zurückbehaltungsrecht zusprechen. Es ist zwar eine bewegliche Sache, bei genauerer Betrachtung findet man aber, daß das Papier des Manuskriptes nicht die Hauptsache ist, sondern dessen

Inhalt; und hierfür kommt das Gesetz, betreffend das Urheberrecht an Werken der Literatur und der Tonkunst vom 19. Juni 1901 in Betracht. Dieses bestimmt in § 11:

„Der Urheber hat die ausschließliche Befugnis, das Werk zu vervielfältigen und gewerbsmäßig zu verbreiten.“

Es ist also ein persönliches Recht des Autors, neben welchem Recht das Manuskript als Papier und dessen Innehabung fast gänzlich zurücktreten. Das Manuskript ist mithin nicht als bewegliche Sache im Sinne des § 369 anzusehen, ebenso RG. (5, 67) es sagt, daß es weder bearbeitetes noch verarbeitetes Papier sei. Rechte können aber als Gegenstand des Zurückbehaltungsrechts dann in Betracht kommen, wenn sie durch Verknüpfung mit Papieren zu den Wertpapieren gehören. Nicht zurückbehaltungsfähig ist ein Vermögensinbegriff, wie ein ganzes Vermögen, ein Handelsgeschäft; ebensowenig sind es Sachgesamtheiten (entgegen Staub Anm. 15 zu § 369), denn schon das BGB. verwirft den in den §§ 92, 1035 BGB. erwähnten Begriff der Sachgesamtheit als einer rechtlich als Einheit zu behandelnden Sache, indem es als Sache nur die einzelne körperliche Sache behandelt; es ist deshalb z. B. an einer Bibliothek, einem Warenlager, einer Herde keine Zurückbehaltung statthaft, wohl aber an den einzelnen Stücken. An diesen einzelnen Bestandteilen des Sachinbegriffs kann nun das Zurückbehaltungsrecht nur in der Weise geltend gemacht werden, daß der Zurückbehaltende unmittelbaren oder mittelbaren Besitz am einzelnen individuell zu bestimmenden Gegenstand erlangt. Befindet sich die Sachgesamtheit im unmittelbaren Besitz eines Dritten, so ist die Abtretung des Herausgabeanspruchs an einem lediglich der Zahl oder Menge nach bestimmten Teil nicht genügend. Erst, nachdem der Eigentümer den Dritten von der Abtretung benachrichtigt und der zurückzubehaltende Teil ausgeschieden oder sonst kenntlich gemacht ist, kann der Dritte den auf bestimmte Gegenstände gerichteten Willen haben, sie für einen andern als den Eigentümer in Gewahrsam zu haben (RG. 52, 385).

Eine Sache dagegen ist auch das in Behältern befindliche Gas und Wasser (RG. 5, 67; 17, 273), auch den elektrischen Strom bezeichnet das Reichsgericht als Sache (RGSt. 32, 180;

vgl. jedoch RG. 17, 272; 56, 404), ebenso gehören hierher Sachen, die erst infolge des Geschäfts zu mobilisieren sind, z. B. Früchte auf dem Halm (STRIETHORST, Archiv für Rechtsfälle aus der Praxis des Obertribunals Berlin 83, 350), Holz auf dem Stamm zum Abschlagen (J. W. 94, 144) und Kauf eines Hauses zum Abbruch (GOLDSCHMIDTS Z. 8, 633). Sodann sind ausgeschlossen Forderungen[1] und Leistungen (D. JZ. 1900, 236) jeder Art, namentlich auch Eigentumsübertragung von Sachen (dies schon aus dem in § 7 zu erwähnenden Grunde), wozu der Zurückbehaltende verpflichtet ist. Dann auch Rechnungslegung, Leistung eines Wechselakzepts (GOLDSCHMIDTS Z. 17, 194).

Bewegliche Sachen, deren Veräußerung gesetzlich verboten ist (§ 134 BGB.) oder aus einem anderen Grunde unmöglich ist, Ausweispapiere, Legitimationspapiere können auch nicht Gegenstand des Zurückbehaltungsrechts sein, denn das Ziel des kaufmännischen Zurückbehaltungsrechts ist Befriedigung aus der Sache, und daher ist die Distraktionsbefugnis ein wesentliches Erfordernis (ebenso SEUFFERT A. 16, 163; 17, 2; a. A. STRÄULI 30f.). Besteht das Veräußerungsverbot nur zum Schutze bestimmter Personen (§ 135 BGB.) oder ist es ein von einem Gericht oder einer anderen Behörde innerhalb ihrer Zuständigkeit erlassenes Veräußerungsverbot (§ 136 BGB.), so ist auch die Zurückbehaltung an diesen Gegenständen nur gegenüber diesen Personen unmöglich, weil unwirksam, gegenüber allen anderen Personen möglich und wirksam. Der Rheinische Appellations-Gerichtshof spricht in der in GOLDSCHMIDTS Z. (9, 165) zitierten Entscheidung aus, daß an ideellen Anteilen einer Vermögensmasse sowie an gemeinschaftlichen Objekten überhaupt kein Zurückbehaltungsrecht ausgeübt werden könne (BUSCH A. 6, 46), dieser Ansicht kann nicht zugestimmt werden, es ist vielmehr zu sagen, daß an Teilen einer Sache, die dem Schuldner nur zum Teil gehört, ein Zurückbehaltungsrecht ausgeübt werden kann, wenn nur der Zurückbehaltende Besitzer der ganzen Sache ist, oder ein Dritter für ihn mitbesitzt (LÖHR, Zentralorgan N. F. 1, 236). Wenn Sachen,

[1] ROHG. 9, 242; 19, 57; GOLDSCHMIDTS Z. 12, 211; 17, 194; BUSCH A. 14, 368; WENGLER A. N. F. 11, 34; RG. 10, 40; 17, 57; 26, 44.

an denen das Zurückbehaltungsrecht geltend gemacht worden war, infolge gemeinsamer Verständigung verkauft worden sind, der Erlös aber hinterlegt worden ist, so tritt dieser an die Stelle der Sachen und steht nun an dem Erlös das Zurückbehaltungsrecht zu; denn da das Zurückbehaltungsrecht das Recht des Zwangsverkaufes in sich schloß, so tritt begrifflich der Erlös an Stelle der Sachen (Bolze 7 Nr. 113).

b) Wertpapiere. Als weitere Gegenstände, an denen das Zurückbehaltungsrecht möglich ist, nennt das Gesetz die Wertpapiere, das sind solche Urkunden, deren Besitz für die Ausübung und Übertragung des in der Urkunde verbrieften Rechts unentbehrlich ist (sogenannte vollkommene Wertpapiere). Dieser Satz gilt aber hier mit der Beschränkung, daß nur für den Handelsverkehr bestimmte Wertpapiere Gegenstände des Zurückbehaltungsrechts sein können (vgl. auch Tarifnummer 2a des Reichsstempelgesetzes vom 14. Juni 1900). Das sagt schon die Denkschrift (10). Nach dem Zusammenhange der Stellen, in denen der Ausdruck Wertpapiere vorkommt, kann es nirgends zweifelhaft sein, daß es sich um Papiere handelt, die ihrer Natur nach, insbesondere mit Rücksicht auf ihre erleichterte Übertragbarkeit als Gegenstände des Handelsverkehrs in Betracht kommen. Auch schon das ADHGB. hat in Art. 271 Ziffer 1 ausdrücklich hervorgehoben: „für den Handelsverkehr bestimmte Wertpapiere". Besonders auch Staub (Anm. 14 zu § 369) hat diese Ansicht vertreten, indem er von der Erwägung ausging, daß das Zurückbehaltungsrecht ein ausschließlich kaufmännisches Recht sei. Die Handelsverkehrsqualität der Wertpapiere beruht auf der Möglichkeit, das in dem Papier verbriefte Recht durch erleichterte Form wie Tradition des Papiers oder Indossament zu übertragen und in dem Schutz des Erwerbers vor Einwendungen aus der Person seines Rechtsvorgängers. Es gehören also hierher die Inhaberpapiere, die durch Tradition, d. h. durch Eigentumsübertragung an der Urkunde übertragen werden; der Schuldner hat dem neuen Eigentümer gegenüber hier keine Einwendungen aus der Person des Vormannes (BGB. 796); sodann auch die Orderpapiere, diese können durch Abtretung übertragen werden, doch da dies unpraktisch ist und noch eine zweite Form der Übertragung, nämlich die Anweisung (Delegation) existiert, wird diese vorgezogen. Die Form der Anweisung ist das Indossament (§ 365 I) nach Maßgabe der WO. Art. 11—13. Es ist also in Ansehung der Orderpapiere die Zurückbehaltung nur bei den indossablen Orderpapieren möglich, die derart sind, daß sie dem Gläubiger die Realisierung des darin verbrieften Rechts ermöglichen; sie müssen also entweder auf ihn lauten, an ihn indossiert oder mit Blankoindossament versehen sein. Lauten sie nicht auf den Gläubiger, so hat er nicht die Möglichkeit, sich aus den Urkunden zu befriedigen, er könnte also mit der Ausübung des Zurückbehaltungsrechts nur den Zweck verfolgen, dadurch einen Druck auf den Schuldner auszuüben, der diesen zur Leistung nötigt. Dies ist aber nicht der Zweck dieses Rechts, es ist seiner Natur nach im Handelsrecht ein Deckungs- und Befriedigungsrecht, aber kein Zwangsrecht; es ist daher an diesen Urkunden die Zurückbehaltung ausgeschlossen. Nach dem Vorhergesagten erscheinen diejenigen verbrieften Rechte, welche nur durch Zession übertragen werden können, für den Handelsverkehr ungeeignet und unterliegen nicht dem kaufmännischen Zurückbehaltungsrecht (ROHG. 24, 258; RG. 16, 85; 40, 134). Es sind dies die Rektapapiere; zur Abtretung ist hier die Übergabe des Papieres erforderlich, die Abtretung schließt die Veräußerung des Papieres in sich (BGB. 952), auch sind hier alle Einwendungen des Schuldners gegenüber dem neuen Gläubiger aus der Person des Vormannes möglich (BGB. 404), soweit sie vor der Abtretung, bzw. vor der Kenntnis des Schuldners von der Abtretung entstanden sind. Die Beispiele von Wertpapieren, die in § 1 des Depotgesetzes vom 5. Juli 1896 angeführt sind, nämlich: Aktien, Kuxe, Interimsscheine, Erneuerungsscheine oder Talons, auf den Inhaber lautende oder durch Indossament übertragbare Schuldverschreibungen, sind hier nicht maßgebend, sie sind zu einem ganz anderen Zwecke gegeben, nämlich um den Deponenten zu schützen (Staub Anm. 40 zu § 1).

Mithin gehören zu den Gegenständen, an denen das kaufmännische Zurückbehaltungsrecht möglich ist (Staub Anm. 15 zu § 369), die auf Inhaber oder Namen lautenden Aktien (Annalen des Kgl. sächsischen Oberlandesgerichts zu Dresden 16, 161), der

Wechsel, die Papiere des § 363, dafern sie die Orderklausel haben. Entreebilletts, Eßmarken und ähnliches sind bloße Legitimationsurkunden; aber auch sie können zu Wertpapieren werden, wenn der Aussteller sie unter solchen Umständen ausgibt, aus denen hervorgeht, daß er jedem Inhaber zur Leistung verpflichtet sein will (BGB. 807). An diesen Inhabermarken kann ein Zurückbehaltungsrecht geltend gemacht werden (RG. 16, 169; 20, 135). Auch Blankoakzepte, die ein Kaufmann von Kunden erhalten hat und die er auszufüllen und zu girieren berechtigt ist, gehören zu den vermögenswerten beweglichen Sachen und Wertpapieren und können Gegenstand des kaufmännischen Zurückbehaltungsrechts sein. Insbesondere besteht eine solche Zurückbehaltung auch gegenüber der Konkursmasse, wenn der Kaufmann ein derartiges Blankoakzept ohne Beifügung seiner Ausstellerunterschrift und seines Giros einem anderen Kaufmann verpfändet hat und deswegen das Pfandrecht nach BGB. 1292 nicht wirksam geworden ist (Recht 1902, 155; Neumann 2² zu 369; vgl. auch Holdheim MS. 14, 26; Bankarchiv 4, 76; Warneyer 4 zu 369). Nicht gehören zu ihnen: die Anweisung des bürgerlichen Rechts; Forderungen über die gewöhnliche, nicht indossable Schuldscheine ausgestellt sind (ROHG. 9, 243; 18, 18; Puchelt 854; Lehmann-Ring 87; Düringer-Hachenburg 561); ferner der Wechsel mit der negativen Orderklausel, die Papiere des § 363, dafern sie nicht an Order lauten, Sparkassenbücher (RG. 10, 40), Zeugnisse. Das Zurückbehaltungsrecht findet auch nicht statt an Urkunden, die bloß zum Beweise von Rechten dienen, ohne selbst eine Forderung zu verkörpern, wie Hypotheken, Grundschuld- und Rentenschuldbriefe (BGB. 1116, 1144, 1145, 1192, 1195). Das ROHG.[1] gibt an ihnen ein Zurückbehaltungsrecht, indem es diese zwar nicht als Wertpapiere, wohl aber als bewegliche Sachen für eine Zurückbehaltung geeignet hält; aber diese Urkunden sind keine selbständigen Träger eines Rechts und lassen keine Verwertung zu, das ist aber, wie schon oben ausgeführt, das Wesen des Zurückbehaltungsrechts, aus diesem

[1] 3, 159; 6, 198; 9, 243; 18, 20; Bolze 2 Nr. 250; Stenglein Z. 1875, 286; Stegemann 3, 334; 7, 184; Holdheim MS. 1, 218.

Grunde sind sie keine für das kaufmännische Zurückbehaltungsrecht geeigneten Gegenstände.[1]

Die Hypothek und Grundschuld entsteht und besteht auch ohne den Brief. Das Gesetz selbst in § 952 II stellt die Hypotheken, Grundschuld- und Rentenschuldbriefe den Schuldscheinen über Forderungen gleich, das Eigentum an ihnen steht dem Gläubiger zu; wären sie Wertpapiere, so gehörte dem Eigentümer der Urkunde das Forderungsrecht. Das Reichsgericht läßt aber die vertragliche Einräumung eines Zurückbehaltungsrechts an einer Beweis- oder Legitimationsurkunde zu, und zwar hat nach jetzigem Recht ein vertraglich eingeräumtes Sicherungsrecht nur forderungsrechtliche Wirkung (RG. 51, 87; vgl. auch J. W. 04, 555[15]; RG. 22, 218), während nach früherem Recht es dingliche Wirkung hatte (RG. 16, 172; 20, 135; 29, 302; J. W. 88, 180[14]).

Ferner findet das Zurückbehaltungrecht nicht statt an Feuerversicherungs- und Lebensversicherungspolicen, da die Police nicht als Trägerin des in ihr verbrieften Rechts anzusehen ist (RG. 29, 289; a. A. Stenglein 1876, 192; ROHG. 9, 241), sondern nur ergibt, welche Forderung gegenüber der Versicherungsgesellschaft besteht und wer Gläubiger ist (RG. 1, 183 f., bes. 187; 3, 152; 15, 55; Seuffert A. 48, 107; Bolze 14 Nr. 88; König 531 f.).

Hingegen ist die Zurückbehaltung an Aktien und Interimscheinen, deren Übertragung an die Einwilligung der Gesellschaftsorgane der verpflichteten Gesellschaft gebunden ist, möglich (a. M. früher Staub 6/7. Aufl.; Sievers 169). Das Reichsgericht hat ausgeführt,[2] daß diese sogenannten vinkulierten Namensaktien und -Interimsscheine Wertpapiere seien. Im alten HGB. ließ Art. 271 Ziff. 1 durch die Ausdrucksweise: „Aktien und andere für den Handelsverkehr bestimmte Wertpapiere" darüber keinen

[1] RG. 1, 187; 3, 154; 10, 40; 15, 58; 16, 172; 17, 58; 20, 135; 26, 44; 36, 40; 51, 86; 53, 109; J. W. 98, 684[77]; Seuffert A. 46 Nr. 41; Puchelt 854; Staub Anm. 15 zu 369; Düringer-Hachenburg 561; Lehmann-Ring 87 Nr. 7; Goldmann 1556; a. A. Makower 1110, und zwar aus dem Grunde, weil nach seiner Ansicht die Verkaufsmöglichkeit kein wesentliches Erfordernis des Z. ist.

[2] 36, 38; 37, 139; vgl. Goldmann 1555; Lehmann-Ring 87; Düringer-Hachenburg 561; Bolze 21 Nr. 34.

Zweifel aufkommen, daß er alle Aktien, also auch die vinkulierte Namensaktie als für den Handelsverkehr bestimmte Wertpapiere betrachtet. Da nun sich der Art. 313 in demselben Titel wie der eben genannte Paragraph befindet, so wird wohl das Wort Wertpapiere in Art. 313 in keinem vom Art. 271 abweichenden Sinne gebraucht sein. Das neue HGB. enthält nun keine Bestimmung, aus der sich dieselbe Folgerung herleiten ließe, aber trotzdem ist die vinkulierte Namensaktie und der vinkulierte Interimsschein selbst bei der unbequemen Übertragung als ein für den Handelsverkehr bestimmtes Wertpapier anzusehen. Auch der Grund, daß die Verkaufsmöglichkeit dieser Urkunden infolge der notwendigen Zustimmung der Gesellschaftsorgane zweifelhaft sein kann, darf nicht dahin führen, an ihnen aus demselben Grunde wie bei den Beweispapieren die Zurückbehaltungsmöglichkeit zu verneinen. Denn die oben erwähnte Ausübung des Verkaufsrechts ist nicht in dem Sinne als ein wesentlicher Bestandteil des kaufmännischen Zurückbehaltungsrechts anzusehen, daß ein Zurückbehaltungsrecht immer nur dann anerkannt werden dürfte, wenn zugleich die Verkaufsbefugnis unbedingt sichergestellt ist. Der Verkauf der zurückgehaltenen Gegenstände ist doch nur ein Recht, nicht eine Pflicht des Gläubigers. Die Möglichkeit, daß die Gesellschaftsorgane zustimmen, ist da, und dann steht auch der Realisierung des Zurückbehaltungsrechts auf dem in § 371 angegebenen Wege nichts entgegen. Es kann deshalb das Zurückbehaltungsrecht an diesen Wertpapieren nicht bloß deshalb versagt werden, weil deren Veräußerung an gewisse Förmlichkeiten geknüpft ist und unter Umständen auf Schwierigkeiten stoßen kann; wird man doch auch an Gegenständen, deren Verkauf z. B. von polizeilicher Genehmigung abhängig ist, ein Zurückbehaltungsrecht nicht lediglich deshalb ausschließen können, weil die Möglichkeit gegeben ist, daß eine Genehmigung nicht erfolgt.

Die Verkaufsmöglichkeit ist also auch bei diesen Papieren vorhanden und ist deren Zurückbehaltung deshalb möglich.

Wird allerdings die Genehmigung nicht erteilt, so ist eine schon vorgenommene Übertragung nichtig. Denn nach BGB. 413 und 399 kann ein Recht nicht abgetreten werden, wenn die Abtretung durch Vereinbarung mit dem Schuldner ausgeschlossen ist.

Papiere wie Autogramme, Briefe eines berühmten Mannes sind keine Wertpapiere, wohl aber können sie in ihrer Eigenschaft als bewegliche Sachen Gegenstand des Zurückbehaltungsrechts sein.

Kein Gegenstand des Zurückbehaltungsrechts sind auch diejenigen Gegenstände, die keinen Verkaufswert haben, da bei ihnen die notwendige Distraktionsbefugnis fehlt (a. A. MARCKHOFF 19; KORN 35; vgl. auch J. W. 92, 275[23]).

§ 7.

b) Eigentum des Schuldners an den Zurückbehaltungsgegenständen.

Das Zurückbehaltungsrecht ist nur gegeben an beweglichen Sachen und Wertpapieren des Schuldners, d. h. die Gegenstände müssen im Eigentum des Schuldners stehen (J. W. 81, 50; BUSCH A. 42, 51; Sächs. Annalen 343, WENGLER A. 1885, 377), es genügt nicht, wie GOLDSCHMIDT (1035); ENDEMANN (103) und das ROHG. (15, 422; 17, 157; 18, 22) sagen, daß sie der rechtlichen Verfügung des Schuldners unterworfen sind.

Das Eigentum bestimmt sich nach den allgemeinen Rechtsregeln, also nach den Regeln des BGB. mit Berücksichtigung der Bestimmungen der WO. in Art. 36 und 74 über die Eigentumsverhältnisse an Wechseln und anderen Orderpapieren und der des HGB. in den §§ 366, 367 über die Eigentumsverhältnisse an beweglichen Sachen und Inhaberpapieren. Die Wechselordnung bestimmt, daß nach Art. 36 der Inhaber eines indossierten Wechsels durch eine zusammenhängende, bis auf ihn herunterführende Reihe von Indossamenten als Eigentümer des Wechsels legitimiert ist und sodann kann nach Art. 74 der so legitimierte Besitzer des Wechsels zu dessen Herausgabe nur dann angehalten werden, wenn er den Wechsel in bösem Glauben erworben hat, oder ihm bei der Erwerbung des Wechsels eine grobe Fahrlässigkeit zur Last fällt.

Mit dem Erfordernis, daß die Zurückbehaltungsgegenstände im Eigentum des Schuldners stehen müssen, will das Gesetz die Rechte Dritter sicherstellen, so daß, wenn die Gegenstände einem

Dritten eigentümlich gehören, dem Gläubiger an diesem kein Zurückbehaltungsrecht zusteht (Busch A. N. F. 7, 274; Warneyer 3 Anm. zu 369),. selbst dann nicht, wenn er die Gegenstände im guten Glauben an das Eigentum des Schuldners in Besitz genommen hat (J. W. 94, 21[54]). Der Schutz des gutgläubigen Erwerbes nach BGB. 932ff. und HGB. 366 findet hier nicht statt und kann auch nicht analog hierauf ausgedehnt werden.[1] Der Frachtführer hat (abgesehen auch von dem unter § 14 zu erörternden Fall) wegen der nicht aus dem Frachtvertrag herrührenden Forderungen dann kein Zurückbehaltungsrecht gegen den absendenden Verkäufer an dem Frachtgut, wenn das Eigentum schon mit der Absendung auf den Käufer übergegangen war (RG. 2, 1); abweichend Goldschmidts Z. 17, 196; (vgl. auch Busch A. 12, 414). Hat der Schuldner bei seinem Gläubiger Wertpapiere eines Dritten verpfändet, die er sich von diesem zum Zwecke der Verpfändung geliehen hatte, so kann der Dritte nach Beendigung des Pfandrechts die Herausgabe der Papiere verlangen (RG. 13, 127). Der Gläubiger kann hier nicht wegen einer anderen, ihm gegen den Schuldner zustehenden Forderung ein Zurückbehaltungsrecht an den Wertpapieren geltend machen (Bolze 1 Nr. 257). Es macht hier keinen Unterschied, ob er gewußt hat, daß der Schuldner nicht Eigentümer war, oder geglaubt hat, daß er Eigentümer der verpfändeten Papiere sei. Der Schutz erstreckt sich aber nur auf das Eigentum des Dritten; hat der Schuldner bei der Übergabe einer ihm nicht gehörenden Sache versichert, daß sie ihm gehöre, so kann er dem das Zurückbehaltungsrecht geltend machenden Gläubiger nicht entgegenhalten, daß die Sache einem anderen gehöre (ROHG. 18, 22; RG. 8, 47; 13, 130; J. W. 82, 261[25]; 89, 289[21]; 04, 22[7]; Bolze 8 Nr. 110; Warneyer 2 zu 369). Das KG. Berlin hat gesagt (Recht 04 S. 227[1106]), hier steht dem Herausgabeanspruch die Einrede der Arglist entgegen (Warneyer 3 Anm. zu 369; Recht 8, 227).

Es ist bei der Verkaufskommission gleichgültig, ob der Lokalbankier bei der Übersendung der ihm von einem Kunden

[1] ROHG. 10, 80; 15, 422; 17, 157; 18, 21; RG. 3, 154; 8, 83; Sammlung wichtiger Entscheidungen des Handels-Apellationsgerichts in Nürnberg 1, 344; Busch A. N. F. 7, 274; Seuffert A. 31, 357.

übergebenen Wertpapiere dem Zentralbankier mitteilt (wozu er gesetzlich verpflichtet ist, § 8 I und 9 des Ges. vom 5. Juli 1896), daß die Papiere fremde seien, oder nicht; denn in keinem dieser beiden Fälle erwirbt der Zentralbankier ein Zurückbehaltungsrecht an den Papieren wegen Forderungen gegen den Lokalbankier (Staub Anm. 21 zu 369; Düringer-Hachenburg 562).

Macht der Gläubiger ein Zurückbehaltungsrecht geltend, so hat er zu beweisen, daß die Sachen Eigentum seines Schuldners sind (RG. 3, 152 [= Annalen des RG. 3, 310]; ROHG. 6, 310; 15, 421; 17, 157; 18, 21).

Mit Recht wird von den meisten Schriftstellern getadelt, daß das Gesetz nicht den deutsch-rechtlichen Grundsatz „Hand wahre Hand“ als maßgebend bestimmt hat, denn sogar der Erwerb des gesetzlichen Pfandrechts steht unter diesem Grundsatz.

An Sachen, die im Eigentum des Gläubigers stehen, ist eine Zurückbehaltung in der Regel unmöglich[1] (Ausnahmefall siehe unten). Dem Verkäufer steht an der vom Käufer bereits bezahlten, demselben aber noch nicht übergebenen Ware wegen seiner Ansprüche an den Käufer aus anderen Handelsgeschäften ein Zurückbehaltungsrecht nicht zu (Stenglein Z. 1878, 30 [= ROHG. 19, 57], Seufferts A. 32, 270; a. M. Cosack; vgl. auch Busch A. 14, 452), denn dieses erstreckt sich nur auf bewegliche Sachen und Wertpapiere, nicht auf Ansprüche des Schuldners, rücksichtlich deren ihm der Gläubiger selbst als leistungspflichtig gegenübersteht, insbesondere kann es nicht in bezug auf Sachen ausgeübt werden, die noch dem Gläubiger und nicht dem Schuldner gehören und zu deren Übereignung an den Schuldner der Gläubiger vertragsmäßig verbunden ist. Die Bestimmungen des § 369 sind infolge ihrer exzeptionellen Natur strikt zu interpretieren.

Hat jedoch die Eigentumsübertragung nach BGB. 930 stattgefunden, so könnte der Verkäufer an die in seinem Besitz befindliche im Eigentum des Käufers stehende Ware das Zurückbehaltungsrecht ausüben (Gruchot 44, 1068).

---

[1] Vgl. auch Breslauer WO. von 1672 Art. 22; Frankfurter WO. von 1739 Art. 54 und Siegel 2, 204; Bolze 1 Nr. 253; ROHG. 19, 57; RG. 12, 80.

Einen Ausnahmefall, in dem auch an Sachen, die dem Gläubiger gehören, ein Zurückbehaltungsrecht gegeben ist, hat das neue HGB. im Satz 2 des Abs. 1 geschaffen. Doch ist es auch nicht allgemein an den eigenen Sachen des Gläubigers gegeben, sondern nur unter der Voraussetzung, daß das Eigentum daran von dem Schuldner auf den Gläubiger übergegangen oder von einem Dritten für den Schuldner auf den Gläubiger übertragen, aber auf den Schuldner zurückzuübertragen ist. In diesem Falle kann man davon sprechen, daß eine Leistung der Gegenstand des Zurückbehaltungsrechts ist und nicht mehr eine Sache; hiermit nähert sich das Zurückbehaltungsrecht des Handelsrechts dem des BGB., welches überhaupt allgemein die Zurückbehaltung von Leistungen zuläßt.

Die Denkschrift (210) bemerkt hierzu: Nach Art. 313 des HGB. besteht das Zurückbehaltungsrecht ausschließlich an Sachen des Schuldners, also nicht an Sachen, die im Eigentum des Gläubigers stehen und von diesem dem Schuldner zu leisten sind. Die Vorschrift hat in der Rechtsprechung stets eine wörtliche Auslegung erfahren, so daß das Zurückbehaltungsrecht auch dann als ausgeschlossen betrachtet wird, wenn es sich um eine Sache handelt, die nur zeitweise aus dem Vermögen des Schuldners in dasjenige des Gläubigers übergegangen ist, um demnächst in das erste wieder zurückzukehren, oder die für den Schuldner von einem Dritten dem Gläubiger übergeben, seitens des letzteren aber dem Schuldner zurückzugeben ist.[1] Hierher gehört namentlich der Fall, daß der Käufer die bereits in sein Eigentum übergegangene Ware dem Verkäufer zur Verfügung stellt (vgl. J. W. 96, 306[37]; Busch A. 6, 44). Der Käufer kann zwar, falls er die Ware mit Recht bemängelt hat, die Rückerstattung des gezahlten Kaufpreises beanspruchen, er darf sich aber zur Befriedigung für diesen Anspruch nicht an die in seinem Besitz befindliche Ware halten, weil sie nicht mehr im Eigentum des Verkäufers steht. Ebenso verhält es sich in Ansehung von Sachen, die nach den Grundsätzen von der ungerechtfertigten Bereicherung an den Schuldner zurückzugewähren sind, und das gleiche gilt in

[1] ROHG. 19, 57; RG. 12, 80.

dem Falle, daß ein als Rimesse übersandter Wechsel, der unbezahlt geblieben ist, von dem Gläubiger eingelöst werden mußte; auch hier besteht kein Zurückbehaltungsrecht an dem Wechsel, da dieser durch die Einlösung in das Eigentum des Gläubigers gelangt ist.[1] In allen diesen Fällen beruht der Ausschluß des Zurückbehaltungsrechts auf einem wesentlich äußeren Grund und erscheint sachlich nicht gerechtfertigt. Der natürlichen Auffassung im Verkehr erscheint auch die zur Verfügung gestellte Ware oder der zurückgelangte Wechsel als ein Vermögensgegenstand des Schuldners, der nicht weniger geeignet ist, dem Gläubiger zur Deckung zu dienen, als eine Sache, die wirklich im Eigentum des Schuldners geblieben ist. Hiernach rechtfertigt es sich, wenn der Entwurf das Zurückbehaltungsrecht auch in betreff solcher Gegenstände für zulässig erklärt, deren Eigentum von dem Schuldner auf den Gläubiger übergegangen oder von einem Dritten für den Schuldner auf den Gläubiger übertragen, aber auf den Schuldner zurückzuübertragen ist. Es gehört also nicht hierher der Fall, daß das Eigentum zwar auf den Schuldner zu übertragen, aber nicht von ihm auf den Gläubiger und auch nicht von einem Dritten für den Schuldner auf den Gläubiger übergegangen ist. Es gehören auch nicht hierher die oben erwähnten Fälle, wo der Gläubiger verpflichtet ist, dem Schuldner erst das Eigentum an den Gegenständen zu verschaffen. Dernburg (Preuß. Privatrecht 788 Anm. 5) läßt die Ausdehnung des Zurückbehaltungsrechts auch auf diese Fälle zu, und stützt sich hierbei auf die Auslassung der Denkschrift, daß die Ausnahmen deshalb getroffen seien, weil in diesen Fällen der Ausschluß des Zurückbehaltungsrechts auf einem wesentlich äußeren Grunde beruhe und schließlich nicht gerechtfertigt erschiene. Es ist ja richtig, daß die Denkschrift hiermit ein Prinzip zum Ausdruck bringt, welches einer Ausdehnung des Zurückbehaltungsrechts auf alle Fälle, in denen sein Ausschluß sachlich nicht gerechtfertigt erscheint, äußerst günstig ist, aber es ist zu beachten, daß dieses Prinzip im Gesetz allgemein nicht zum Ausdruck kommt, daß im Gegenteil der Wortlaut des Gesetzes einer

[1] Vgl. Holdheim MS. 05, 26; auch RG. 5, 83.

Verallgemeinerung direkt widerspricht. Auch kann die weitere Beweisführung DERNBURGS, der für seine Ansicht den § 398 heranzieht und daraus eine für diese Frage grundsätzliche Stellung des HGB. herleitet, nicht beigestimmt werden. Denn § 398 gewährt dem Kommissionär aus Utilitätsrücksichten die Befriedigung aus dem noch in seinem Eigentum stehenden Kommissionsgut auf Grund positiver Gesetzesvorschrift, und beseitigt damit lediglich eine konstruktive Schwierigkeit, ohne dadurch eine grundsätzliche Stellung zu der streitigen Frage nehmen zu wollen (ebenso STAUB Anm. 24 zu § 369). STAUB (Anm. 23 zu § 369) wendet sich besonders gegen das erste von der Denkschrift angeführte Beispiel, er führt aus: Das Beispiel ist für das neue Recht schlecht gewählt. Nach dem neuen Recht überträgt die Übergabe nur dann Eigentum auf den Käufer, wenn beide Teile darüber einig sind, daß der Käufer Eigentümer werden solle. Diese Einigung ist beim Gattungskauf wenigstens nicht vorhanden, wenn der Käufer die Ware rechtzeitig prüft und zur Verfügung stellt. Der Verkäufer ist in diesem Falle also Eigentümer geblieben und das kaufmännische Zurückbehaltungsrecht ohne weiteres gegeben (RG. 12, 81; 18, 161; 43, 39). Hiergegen entgegnet DÜRINGER-HACHENBURG (565 Note V) mit Recht: die Unterscheidung zwischen Spezies- und Genuskauf ist nicht maßgebend; das zeigt DÜRINGER-HACHENBURG dann an einigen Beispielen und betont zum Schluß seiner Ausführung, daß die Fragen des Eigentumsüberganges und der Mängelrüge völlig zu trennen sind.

Gehören Sachen, an denen ein Zurückbehaltungsrecht geltend gemacht werden soll, zum eingebrachten Gut oder Vorbehaltsgut der Frau (vgl. auch RG. 8, 81), so darf sie der Gläubiger des Ehemannes, selbst wenn die Frau für die Schuld mithaftet, nur dann zurückbehalten, wenn auch ihr gegenüber alle Voraussetzungen des § 369 vorliegen (DÜRINGER-HACHENBURG 561; STAUB Anm. 19 zu § 369). Sachen des Gesamtgutes können zurückbehalten werden, wenn es sich um Schulden des Ehemannes handelt (BGB. 1459), wenn es sich um persönliche Schulden der Frau handelt, die während der Ehe entstanden sind, nur dann, wenn der Mann seine Zustimmung zu dem sie begründenden Rechtsgeschäft erteilt, oder wenn das Rechtsgeschäft ohne seine Zustimmung für das Gesamtgut wirksam ist (BGB. 1460), z. B. die Schulden aus einem mit Einwilligung des Mannes betriebenen Erwerbsgeschäft (BGB. 1405). Der Privatgläubiger des Gesellschafters einer offenen Handelsgesellschaft ist nicht berechtigt, Sachen der Gesellschaft zurückzubehalten (Lehmann-Ring 89 Nr. 12), ebensowenig der Privatgläubiger gegenüber einem Schuldner an den Sachen, die ihm als Gesellschafter einer bürgerlichen Gesellschaft zustehen (vgl. BGB. 719); jedoch kann ein Gläubiger der Gesellschaft die einem Gesellschafter als solchen gehörenden Sachen zurückbehalten (Makower 1112; ROHG. 8, 49).

Das Eigentum des Schuldners muß in dem Augenblick vorhanden sein, in dem das Zurückbehaltungsrecht entsteht; und zwar entsteht es nicht erst durch die Ausübung (siehe oben S. 21), sondern schon mit Eintritt der gesetzlichen Voraussetzungen (RG. 49, 82; Seuffert A. 55 Nr. 22; OLG. 11, 409; Litthauer-Mosse 8 zu 369; Kaufmann 6, 131; Gruchot 44, 1068; Sievers 171). Endemann (103) meint, es müsse Eigentum zur Zeit der Besitzergreifung vorhanden sein, daß dies falsch ist, wird unten gezeigt. Vorher braucht es nicht vorhanden zu sein, insbesondere nicht in dem Zeitpunkt, wo der Gläubiger den Besitz an dem Gegenstand erlangt hat, wenn nur, wie unten noch zu erörtern ist, der Besitz mit Willen des Schuldners erlangt wurde. Wird, bevor eine Forderung entstanden ist, die im Besitz des Gläubigers befindliche Sache vom Schuldner veräußert, so erlangt der Gläubiger, auch wenn er im Besitz bleibt, kein Zurückbehaltungsrecht (vgl. RG. 12, 79). Gelangt die Sache erst dann in das Eigentum des Schuldners, nachdem schon der Gläubiger Besitz erworben hatte, so entsteht das Zurückbehaltungsrecht, wenn der Erwerb des Besitzes mit Willen des Schuldners stattgefunden hatte, oder der Besitz nach der Eigentumserlangung des Schuldners mit dessen Willen beim Gläubiger verblieb (Makower 1112).

Ist das Zurückbehaltungsrecht entstanden, so bleibt es bestehen, wenn das Eigentum wechselt, denn dem neuen Eigentümer kann der Gläubiger gemäß § 369 II seine Einwendungen gegen den Anspruch auf Herausgabe der Sache entgegensetzen, wenn er nur im Besitz der Sache geblieben ist und er nach §§ 986 II, 1065, 1227 BGB. hierzu berechtigt ist (Gruchot 44, 1069; vgl. auch die Polemik Adlers bei Holdheim MS.). Anders aber, wenn der Wechsel des Eigentums auf einem Rechtsgrunde beruht, der vor der Erlangung des Zurückbehaltungsrechts bestand und demjenigen, der das Zurückbehaltungsrecht geltend macht, zur Zeit als er den Besitz erlangte, bekannt war (ROHG. 24, 348). Im Falle des § 369 I Satz 2 muß der Gläubiger spätestens im Momente der Ausübung des Zurückbehaltungsrechts das Eigentum besitzen. Ein Verlust des Eigentums nach Entstehung des Rechts hat auch hier keinen Einfluß; wird der Anspruch auf Rückgabe des Eigentums abgetreten, so können dem Zessionar gegenüber die Einwendungen geltend gemacht werden.

Es scheint, als ob das in KO. 44 normierte, sogenannte Verfolgungsrecht (droit de suite, right of stoppage in transitu) hiervon eine Ausnahme mache, das ist aber nicht der Fall. Die Bestimmung dieses Paragraphen lautet:

> Der Verkäufer oder Einkaufskommissionär kann Waren, welche von einem anderen Orte an den Gemeinschuldner abgesendet und von dem Gemeinschuldner noch nicht vollständig bezahlt sind, zurückfordern, sofern nicht dieselben schon vor der Eröffnung des Verfahrens an dem Orte der Ablieferung angekommen und in den Gewahrsam des Gemeinschuldners oder einer anderen Person für ihn gelangt sind.
>
> Die Bestimmungen des § 17 finden Anwendung.

Es hat bei dieser Sachlage z. B. ein Verkäufer oder ein Einkaufskommissionär Waren, an denen das Eigentum schon auf den Käufer übergegangen ist, zur Beförderung an diesen einem Frachtführer oder Spediteur übergeben. Diese üben an den Waren gegenüber dem Adressaten ein Zurückbehaltungsrecht wegen Forderungen aus, die nicht aus dem Speditions- oder Frachtvertrag stammen; denn hinsichtlich dieser würde ihnen ein gesetzliches Pfandrecht zustehen, das für sie viel vorteilhafter wäre, da es nach § 366 auch an fremdem Eigentume bei gutgläubigem Erwerbe bestehen würde. Der Absender macht nun aber von den ihm zustehenden Verfolgungsrechte Gebrauch und fordert die Ware zurück. Gegen ihn kann jetzt das Zurückbehaltungsrecht nicht geltend gemacht werden; denn der Eigentumsübergang gilt in diesem Falle rechtlich als ungeschehen.[1] Dem Absender steht das Eigentum ex tunc und nicht ex nunc zu. Da also das Eigentum an den Waren rechtlich als nicht auf den Schuldner übergegangen betrachtet wird, fehlt für die Ausübung des Zurückbehaltungsrechts die Voraussetzung, daß auf seiten des Schuldners Eigentum an den Gegenständen vorhanden sei und es ist mithin die Ausübung des Zurückbehaltungsrechts unmöglich. Es ist also dieser Fall auch keine Ausnahme (vgl. auch ROHG. 6, 298f.; 10, 70; 24, 345; Stegemann 7, 220). Das Verfolgungsrecht hat nicht der Spediteur des Verkäufers und Absenders (ROHG. 20, 192); es dauert fort, wenn der Destinatär die Ware beim Zwischenspediteur auf Lager gegeben hat (ROHG. 22, 68), es hört aber auf, wenn der Käufer die Ware zwar zur Disposition gestellt, aber doch in seinen Gewahrsam genommen hat (RG. 8, 85). Ist die Ware die dem Spediteur oder Frachtführer zur Beförderung an den Käufer übergeben worden ist, schon in das Eigentum des Käufers übergegangen, so hat der Spediteur oder Frachtführer wegen einer ihm gegen den Verkäufer zustehenden Forderung kein Zurückbehaltungsrecht daran (RG. 2, 1).

§ 8.

c) Besitz des Gläubigers an den Zurückbehaltungsgegenständen.

Während auf seiten des Schuldners Eigentum verlangt wird, ist auf seiten des Gläubigers der Besitz an den Zurückbehaltungsgegenständen erforderlich (ROHG. 10, 163; 14, 112). Nach dem alten HGB. war erforderlich, daß der Gläubiger die Sachen noch in seinem Gewahrsam hatte. Es kann nur retiniert werden, was detiniert wird (Laband 492; ROHG. 16, 81), Detention war erforderlich, juristischer Besitz war weder erforderlich, noch auch genügend, wenn er nicht mit der faktischen Innehabung verbunden war.

---

[1]) Motive zu dem Entwurf einer KO. und dem Entwurfe des Einführungsgesetzes 168 (Drucksachen des Deutschen Reichstags 2. Leg.-Per. II. Session 1874 Nr. 200).

Wann der Besitz anzunehmen ist, sagt das HGB.; dies ist aus dem BGB. zu entnehmen. Das BGB. hat nun den Besitzbegriff ganz anders normiert, die Unterscheidung zwischen Detention und juristischem Besitz besteht nicht mehr. Der Detentor, der bloße Inhaber, der Besitzmittler ist jetzt Besitzer, ein animus rem sibi habendi wird im Prinzip nicht mehr verlangt. Die Erlangung der tatsächlichen Gewalt über eine Sache verschafft allein den Besitz über diese (BGB. 854), nur der Verlust der tatsächlichen Gewalt beendigt den Besitz (BGB. 856 I). Es muß Sachbesitz sein, ein durch bloße Willensäußerung erlangter Besitz genügt nicht (ROHG. 10, 162).

Kein Zurückbehaltungsrecht hat der Besitzdiener (unselbständiger Inhaber (ROHG. 16, 81); nach BGB. 855 ist das derjenige, welcher die tatsächliche Gewalt über eine Sache für einen anderen in dessen Haushalt oder Erwerbsgeschäft oder in einem ähnlichen Verhältnis ausübt, vermöge dessen er den sich auf die Sache beziehenden Weisungen des anderen Folge zu leisten hat. In diesem Falle hat er gar keinen Besitz, sondern nur der, für den er die tatsächliche Gewalt ausübt, daher kann er auch kein Zurückbehaltungsrecht geltend machen. (Der Schuldner kann also Besitzdiener des Gläubigers sein.) Ebenso hat, außer im Falle des § 369 I Satz 2 der gut oder bösgläubige Eigenbesitzer (BGB. 872) kein Zurückbehaltungsrecht, denn wer eine Sache als ihm gehörend besitzt, also um sein Eigentum auszuüben, der kann im Regelfalle kein Zurückbehaltungsrecht an dieser Sache ausüben.

Ein Zurückbehaltungsrecht kann aber der Fremdbesitzer ausüben, auch der unmittelbare Besitzer und ebenso der mittelbare Besitzer (GOLDSCHMIDTS Z. 40, 495), das ist derjenige, welcher eine Sache auf Grund eines Rechtsverhältnisses besitzt, vermöge dessen er einem anderen gegenüber auf Zeit zum Besitze berechtigt oder verpflichtet ist; z. B. der Gläubiger hat die Sache bei irgend jemand deponiert. In diesem Falle kann der Gläubiger das Zurückbehaltungsrecht ausüben; denn es liegt die erforderliche Voraussetzung, der Besitz, vor und selbst dann liegt diese Voraussetzung vor, wenn der unmittelbare Besitzer, in diesem Falle also der Depositar, selbst ein Pfandrecht oder Zurückbehaltungsrecht für sich geltend macht (ROHG. 14, 101).

Der Gläubiger kann also auch dann zurückbehalten, wenn er die Sache anderweit hinterlegt hat, z. B. wenn die Zollbehörde für ihn als Depositarin auftritt (GOLDSCHMIDTS Z. 40, 495; siehe auch BUSCH A. 10, 463). Doch darf der Schuldner nicht selbst der mittelbare Besitzer für den Gläubiger sein (STAUB Anm. 27 zu § 369; ROHG. 10, 161). Die §§ 1205, 1253 BGB. finden hier entsprechende Anwendung; auch Einräumung des Mitbesitzes nach Maßgabe BGB. 1206 würde genügen.

Daß der mittelbare Besitz für die Ausübung des Zurückbehaltungsrechts genügend sein muß, zeigt schon der Satz: sofern er mittels Konnossements, Ladescheins oder Lagerscheins darüber verfügen kann. Es ist dies nur ein Fall des mittelbaren Besitzes; die Papiere müssen in seinem Besitz, ihm schon ausgehändigt sein (RG. 13, 120). Die genannten Papiere sind Warenpapiere, d. h. der legitimierte Besitz der Urkunde wirkt rechtlich gleich dem Besitz der Ware. Sind diese Papiere als Namenpapiere ausgestellt, so müssen sie auf den Namen des Gläubigers lauten, dann hat er Besitz an der Ware und kann also auch das Zurückbehaltungsrecht geltend machen (siehe auch RG. 4, 147). Sind dagegen die Papiere als Orderpapiere ausgestellt, so müssen sie auf ihn als Indossatar lauten oder mit Blankoindossament versehen sein, auch dann hat er Besitz und mithin das Zurückbehaltungsrecht. Lauten die Papiere nicht auf den Gläubiger, sondern auf den Schuldner, so hat der Gläubiger kein Verfügungsrecht an der Ware, kann also auch hieran kein Zurückbehaltungsrecht ausüben; gehört das Papier zu den Wertpapieren, so kann an ihm bezüglich des Rechts auf Herausgabe der Sache das Zurückbehaltungsrecht vorhanden sein, sofern es zu Order- oder Inhaberpapieren gehört (siehe oben § 6); nicht dagegen, wenn es zu den Rektapapieren gehört. Daß mit den im Gesetz genannten Papieren deren Aufzählung nicht erschöpfend gemacht sein soll, sieht man daraus, daß das Gesetz selbst deren Aufzählung mit dem Worte „insbesondere“ beginnt.

Der Besitz muß zur Zeit der Geltendmachung des Zurückbehaltungsrechts vorhanden sein; es schadet nichts, wenn er vor oder nach diesem Zeitpunkt dem Gläubiger auf Zeit verloren geht; gelangt er nur danach wieder in den Besitz der Sache (z. B.

durch die Besitzklage, BGB. 861), so lebt auch das Zurückbehaltungsrecht wieder auf (ROHG. 14, 101). Bei dauerndem freiwilligen oder unfreiwilligen Besitzverlust geht das Zurückbehaltungsrecht verloren (Seuffert A. 46, 183), beim unfreiwilligen Besitzverlust hat der Gläubiger keine Klage auf Wiedererlangung des Besitzes aus dem Zurückbehaltungsrecht, denn das Zurückbehaltungsrecht ist nur ein persönliches Recht und kein dingliches, man ist daher nicht berechtigt, wie beim Nießbrauch und beim Pfandrecht gemäß BGB. 1065 und 1227 bei Beeinträchtigungen des Zurückbehaltungsrechts die Vorschriften über das Eigentum zur analogen Anwendung zu bringen (so jetzt auch Staub, Anm. 38 anders 6./7. Aufl.).

Die Möglichkeit, über die Sache zu verfügen, ist auch dann gegeben, wenn ein entgegenstehendes Hindernis nur durch gerichtliches Einschreiten aufgehoben werden kann, oder die Veräußerung von behördlicher Genehmigung abhängt (ROHG. 14, 112).

§ 9.

d) Erwerb des Besitzes an den Zurückbehaltungsgegenständen.

Außer dem Erfordernis des Besitzes auf seiten des Gläubigers stellt das Gesetz noch, damit die Zurückbehaltung möglich sei, zwei Erfordernisse auf: der Besitz der Sachen muß einmal mit Willen des Schuldners, sodann noch auf Grund von Handelsgeschäften erlangt sein.

1. Mit Willen des Schuldners (Goldschmidts Z. 21, 170). Wenn ein faktischer Zustand, der Besitz an einer Sache, dem Besitzer das Recht geben soll, wegen einer Forderung gegen den Eigentümer der Sache, die Herausgabe einfach zu verweigern, so ist klar, daß dieser faktische Zustand, sofern das Rechtsinstitut nicht Treu und Glauben verletzen soll, nicht durch denjenigen, der auf Grund desselben Rechte geltend machen will, auf jede mögliche Weise (z. B. mit Gewalt, Betrug) hervorgebracht werden darf. Man würde also verlangen, daß der einer zukünftigen Zurückbehaltung als Grundlage dienende Besitz fehlerfrei erlangt sei. Aus einem widerrechtlichen Zustand sollen nicht Rechte für den widerrechtlich Handelnden entspringen. Diesem Gedanken

hat das Gesetz in den Worten „mit Willen des Schuldners“ Ausdruck gegeben.

In der ersten Lesung betonte man, daß die nicht schon vertragsmäßig als Pfänder bestellten Sachen mit „Wissen und Willen“ des Schuldners in den Besitz des Gläubigers gekommen sein müßten, um dadurch die durch Zession erworbenen Forderungen auszuschließen (Protokolle 461, 468). In der zweiten Lesung wurde (wie oben § 2 ausgeführt) auf einen Antrag hin das Erfordernis „mit Wissen“ fallen gelassen und wurde diese Fassung auch ins Gesetz aufgenommen. Es ist also nicht notwendig, daß der Schuldner die Besitzerlangung oder deren Zeitpunkt kenne (Prot. 1349; RG. 9, 48; 14, 154).

Die Tendenz dieser Bestimmung geht dahin, den Schuldner vor Mißbrauch und Willkür seitens des Gläubigers zu schützen; denn wäre nicht gefordert worden, daß der Besitz mit Willen des Schuldners erlangt sein müsse, so wäre seinem Gläubiger die Möglichkeit gegeben, durch Eigenmacht oder Abtretung seitens eines Besitzers von Sachen des Schuldners in den Besitz solcher zu kommen und für sich durch diese unredlichen Mittel eine weitergehende Befriedigung mittels Geltendmachung des kaufmännischen Zurückbehaltungsrechts zu verschaffen.

Diejenigen Gegenstände, die auf Grund unerlaubter oder verbotener Eigenmacht in den Besitz des Gläubigers gekommen sind, sind ausgeschlossen; ebenso wenn er sie ohne vorherige Zustimmung (Einwilligung) oder nachträgliche (Genehmigung) des Schuldners in Besitz bekommen hat (ROHG. 1, 282; 19, 369; 26, 58; RG. 3, 115). Ausdrückliche Erklärung der Zustimmung ist aber nicht erforderlich, sie kann auch stillschweigend erfolgen. Es kann der Besitz also durch den Schuldner selbst oder durch seinen Stellvertreter übertragen worden sein, auch kann der Schuldner im allgemeinen seine Zustimmung dazu erteilt haben, daß der Besitzer seiner Sache diese weiterbegebe (RG. 9, 48; 14, 154). Z. B. wenn der Prokurist im Rahmen seiner Vollmacht handelnd, für den Schuldner den Besitz übertragen hat. Es kann auch nicht gesagt werden, daß dann ein Besitzen wider Willen des Schuldners vorliegt, wenn der Gläubiger auf Grund des zwischen ihm und dem Schuldner vorliegenden Rechtsverhältnisses verpflichtet ist, die Sachen zurückzugeben (Busch A. 3, 89). Ein Zurückbehaltungsrecht ist auch dann gegeben, wenn die Sachen durch einen zwischen Gläubiger und Schuldner geschlossenen Pfandvertrag in den Besitz des Gläubigers gekommen sind (ROHG. 2, 80; 17, 292). Ist die Übertragung mit Zustimmung des Schuldners erfolgt, so entscheidet das zwischen dem Gläubiger und dem Dritten bestehende Rechtsverhältnis darüber, ob der letztere Rückübertragung des Besitzes verlangen darf. Kann er dies mit Recht verlangen, so kann der Gläubiger die Rückübertragung nicht unter Hinweis auf sein Zurückbehaltungsrecht verweigern.

Gleichgültig ist auch, ob der Zurückbehaltungsgegenstand vor oder nach der Entstehung der Forderung, oder vor oder nach der Fälligkeit in den Besitz des Gläubigers gelangt ist. Wenn nach Eröffnung des Konkurses über das Vermögen des Schuldners ihm gehörende Waren an einen seiner Gläubiger gelangt sind, so kommt es bei der Beurteilung der Frage, ob der Gläubiger daran ein Zurückbehaltungsrecht ausüben kann, darauf an, ob die Waren mit oder ohne Willen des Konkursverwalters und nicht des Gemeinschuldners in seinen Besitz gelangt sind (Recht 1902, 24 = Neumann 2[2] zu 369 = Warneyer 2 Anm. zu 369; vgl. auch RG. 20, 135 a. E. = J. W. 92, 275[23]; RG. 29, 302; J. W. 98, 684[77]).

Für die Rechtsgültigkeit der Willenserklärung des Schuldners sind die §§ 119 f. BGB. entscheidend. Der Wille darf nicht nichtig sein, auch ein nur anfechtbarer Wille genügt nur so lange, als nicht derselbe wirksam angefochten wird (RG. 19, 372; Staub Anm. 25 zu 369). Geht das Anfechtungsrecht verloren, so wird das früher anfechtbare Geschäft unanfechtbar. Die Anfechtung des anfechtbaren Geschäfts hat nach BGB. 142 die Wirkung, daß es als von Anfang an nichtig angesehen wird; hat der Zurückbehaltende die Anfechtbarkeit gekannt oder hätte er sie kennen müssen, so muß er die Nichtigkeit des Geschäfts gegen sich gelten lassen. Die Anfechtung erfolgt durch Erklärung BGB. 143 I (vgl. auch Anfechtungs gesetzvom 21./7. 79; KO. 29 f.; ROHG. 17, 293).

Es ist dann noch die streitige Frage zu erwähnen, ob zur Erhaltung des Zurückbehaltungsrechts Fortdauer des Willens nötig ist. Thöl (Band 3 § 39) und Goldschmidt (1036 Anm. 28) verneinen diese Notwendigkeit, v. Hahn (178 Anm. 14) bejaht sie,

Endemann (104) bemerkt nur, daß die Frage streitig ist. Man muß der Ansicht v. Hahns folgen und sagen: Fortdauer des Willens muß dann verlangt werden, wenn der Wille auf den Fortbestand des Rechtsverhältnisses, auf Grund dessen Besitz erworben wurde, von Einfluß ist. Kann das Rechtsverhältnis durch einseitige Willenserklärung des Schuldners aufgehoben werden — wie dies der Fall ist, wenn er dem Gläubiger eine Sache zur Aufbewahrung gegeben, oder ohne Zeitbestimmung geliehen hat, und tut er dies zugleich mit der Aufforderung zur Herausgabe der Sache, so würde von jetzt an der Gläubiger, dessen Forderung erst nach diesem Zeitpunkt fällig wurde, die Sachen wider Willen des Schuldners besitzen, also ein Zurückbehaltungsrecht nicht ausüben dürfen — so genügt, nachdem diese Erklärung abgegeben und die Rückforderung des Gegenstandes erfolgt ist, der nunmehr gegen den Willen des Schuldners ausgeübte Besitz nicht mehr zur Begründung des Zurückbehaltungsrechts (Seuffert A. 24 Nr. 259). Andererseits ist aber eine einseitige Willenserklärung des Schuldners nicht beachtlich auch wenn der Schuldner das den Besitzstand begründende Rechtsverhältnis an sich einseitig aufgeben könnte, sofern im übrigen sämtliche Erfordernisse des Zurückbehaltungsrechts gegeben sind.

b) Eine umgekehrte Entstehungsgeschichte, wie das eben besprochene Erfordernis, hat das andere durchgemacht, nämlich, daß die Zurückbehaltungsgegenstände auf Grund von Handelsgeschäften in seinen (des zurückbehaltenden Gläubigers) Besitz gelangt sein müssen.

Der § 50 des österreichischen Entwurfes hatte dies Erfordernis noch nicht aufgestellt, nach seiner Fassung sollte es gleichgültig sein, in welcher, wenn nur rechtlicher Weise der Kaufmann in den Besitz eines Vermögensobjektes gekommen sei (Prot. 458f.). Hiergegen wurden Bedenken geltend gemacht und vorgeschlagen, den Eintritt des Pfandrechts davon abhängig zu machen, ob das betreffende Vermögensobjekt durch ein Handelsgeschäft in den Gewahrsam des Kaufmanns gekommen sei. Der wichtigste Grund, warum man die Grundsätze des § 50 des österreichischen Entwurfes befürwortet habe, sei der gewesen, daß man im Handel oft Anstand nehmen müsse, ausdrücklich eine Pfandbestellung zu verlangen, oder auch nur anzubieten. Solche Rücksichten könnten nur im Handel maßgebend sein, und könnten auch nur bezüglich solcher Objekte, welche durch Handelsgeschäfte in den Besitz des Kaufmanns gekommen seien, die Vermutung rechtfertigen, daß man sie auch ohne ausdrückliche Erklärung als Pfand betrachtet wissen wolle. Die Wirkungen des Pfandrechts brauchten deshalb nicht auf solche Fälle des Besitzerwerbes ausgedehnt zu werden, welche mit dem Handelsbetrieb des Kaufmanns in keinem Zusammenhang ständen. Die Anwendbarkeit des Artikels werde doch besonders bei erfolgter oder bevorstehender Zahlungseinstellung praktisch, wo mehrere Gläubiger dem Kaufmann gegenüberstehen, hier bedürfe es eines nachdrücklichen Schutzmittels.

Von anderer Seite wurde die Verwerfung dieser Einschränkung verlangt, um so mehr, falls man im Gesetze ausdrücke, daß ein Pfandrecht dann nicht bestehen solle, wenn klar wäre, daß keine Pfandbestellung beabsichtigt war. Die Beschränkung des Pfandrechts durch diese Bestimmung werde in manchen Fällen weder der bezweckten Sicherheit des Verkehrs, noch der erkennbaren Absicht der Parteien entsprechen. Der Begriff des Handelsgeschäftes sei unbestimmt und werde zu einer Unmenge von Prozessen Anlaß geben.

Ein neuer Fassungsvorschlag wurde gemacht (Prot. 461) und dazu bemerkt, der Entwurf gehe von einer Präsumption dafür aus, daß man im Handelsverkehr alle diejenigen Sachen als Pfänder für Forderungen angesehen wissen wolle, welche in dem Besitz des Gläubigers sich befänden. Nachdem im Laufe der Debatte noch verschiedene andere Vorschläge gemacht worden waren und ihre Zweckmäßigkeit durch Anwendung auf viele Beispiele geprüft worden war, wurde bei der Abstimmung die fragliche Beschränkung mit 10 gegen 6 Stimmen abgelehnt.

In der zweiten Lesung wurde, wie oben in § 3 ausgeführt ist, von drei Vorschlägen der dritte (oben S. 12) der Debatte zugrunde gelegt (Prot. 1350). In diesem Vorschlag war die Beschränkung enthalten; er wurde auch angenommen und findet sich im Art. 294 des Entwurfes zweiter Lesung und von da an bis in unser Gesetzbuch (siehe oben § 3).

Die Tendenz dieser Vorschrift ist, das Zurückbehaltungsrecht soll nur zwischen Kaufleuten möglich sein; dieser Einschränkung wird ein großer Teil seiner Bedeutung durch die Präsumption des § 344 genommen. Wann ein Handelsgeschäft vorliegt, bestimmt sich nach den §§ 343, 344. Der Voraussetzung kann in der Art entsprochen werden, daß der Schuldner selbst die Sache dem Gläubiger übergibt (z. B. um ein Handelsgeschäft zu erfüllen), oder auch so, daß der Gläubiger sie von einem Dritten mit Zustimmung oder im Auftrag des Schuldners erhalten hat, oder daß der Gläubiger als Geschäftsführer ohne Auftrag für den Schuldner handelt, z. B. dessen verpfändete Sache einlöst.

Das Geschäft, auf Grund dessen der Gläubiger den Besitz des Zurückbehaltungsgegenstandes erhalten hat, braucht keineswegs mit demjenigen identisch zu sein, auf Grund dessen der Schuldner den Besitz aufgegeben hat; schon allein aus dem Grunde, weil die Geltendmachung des Zurückbehaltungsrechts nicht deshalb für den Gläubiger ausgeschlossen wird, wenn ihm der Gegenstand von einem Dritten übergeben worden ist, vorausgesetzt natürlich, daß diese Besitzübertragung mit Willen des Schuldners geschehen ist. Es ist auch nicht notwendig, daß das Geschäft, durch welches der Besitzübergang auf den Gläubiger bewerkstelligt wird, in irgendwelchem rechtlichen Zusammenhang steht mit dem Entstehungsgrund der Forderung, derentwegen der Gläubiger sein Zurückbehaltungsrecht ausübt. Denn es ist gleichgültig, ob zwischen der Besitzentäußerung des Eigentümers (Schuldners) und dem Besitzerwerb des zurückhaltenden Gläubigers mehrere Geschäfte vorliegen oder nicht und ob diese Handelsgeschäfte waren oder nicht, wenn nur das Rechtsgeschäft, auf Grund dessen der Gläubiger den Besitz erlangt hat, ein Handelsgeschäft war (Warneyer 4 zu 369). Ist z. B. der Gläubiger auf Grund eines Handelsgeschäfts Besitzer einer Sache geworden, ehe das Zurückbehaltungsrecht entstand, ist dann aber auf Grund eines Nichthandelsgeschäfts der Besitz fortgesetzt worden, so kann nun ein Zurückbehaltungsrecht nicht mehr entstehen, umgekehrt entsteht es dann, wenn zunächst der Besitz nicht durch ein Handelsgeschäft erlangt ist, dann aber auf Grund eines Handelsgeschäfts der Besitz fortgesetzt wird und nun die übrigen Voraussetzungen des Zurückbehaltungsrechts eintreten (Lehmann-Ring 88 Nr. 11). Schlegelberger 208 gibt zwei gute Beispiele. Nur mit Bezug auf den letzten Akt, d. h. das der Entstehung des Zurückbehaltungsrechts zeitlich am nächsten stehende Geschäft, verlangt das Gesetz die Handelsgeschäftsqualität; wenn es diese Eigenschaft auf beiden Seiten verlangte, so hätte es besonders hervorgehoben werden müssen, wie es ja auch in demselben Paragraphen für die Forderung des Zurückbehaltenden geschehen ist (ROHG. 6, 197; Stenglein 1875, 286; Stegemann 7, 184; a. A. Thöl 717). Der Gebrauch des Plurals „Handelsgeschäfte" erhält seine Erklärung aus dem anderen Plural in diesem Satz „bewegliche Sachen und Wertpapiere" (v. Hahn 180 § 12). Demnach unterliegt die Ware des Schuldners auch dann dem Zurückbehaltungsrecht, wenn der Vertrag, durch den jener letzte Besitzwechsel vermittelt wurde, lediglich deren Empfangnahme betraf (ROHG. 16, 82), oder wenn ihre Zusendung nicht in Erfüllung eines bereits geschlossenen Kaufvertrags, sondern nur in Erwartung des Zustandekommens eines solchen erfolgte (ROHG. 10, 236; Bolze 10 Nr. 128; ähnlich 7, 213 und RG. 26, 59), es müßte denn etwa 369 III hier vorliegen; hierüber unten in § 13. An rein unbestellt zugesendeter Ware ist aber, wie wir schon oben gesehen haben, kein Zurückbehaltungsrecht möglich (Goldschmidts Z. 17, 200; Busch A. 15, 436). Nimmt ein Kaufmann als Bevollmächtigter eines anderen Kaufmanns für diesen Waren von einem Transportführer entgegen, so ist dies dem Vollmachtgeber gegenüber als Handelsgeschäft aufzufassen, es sei denn, daß die Entgegennahme auf Grund einer Dienstpflicht erfolgt (ROHG. 16, 81).

„Auf Grund von Handelsgeschäften" bedeutet, daß die Gegenstände in Veranlassung von Handelsgeschäften in den Besitz des Gläubigers gekommen sein müssen, d. h. die Erlangung des Besitzes auf dem Handelsverkehr der Beteiligten beruhen muß (ROHG. 1, 284; 10, 236; 19, 372; RG. 26, 58; Holdheim 14, 26; 5. Spruchsammlung der D. JZ. 103; Bank-Archiv 4, 76; Bad. Rechtsprechung 05, 303; Recht 05, 169; Warneyer 4 zu 369).

Nicht etwa nur ein Vertrag ist als Handelsgeschäft aufzufassen (Staub Anm. 26), sondern auch einseitige Rechtshandlungen, wie Offerte, gehören hierher (vgl. ROHG. 10, 236; vgl.

auch 6, 197; RG. 26, 59); doch werden in der Regel Verträge vorliegen (ROHG. 7, 213; Holdheim 14, 26). So kann an Gegenständen, die verpfändet sind, nach Erlöschen des Pfandrechts ein Zurückbehaltungsrecht geltend gemacht werden (ROHG. 2, 80; 17, 293; Bolze 10 Nr. 128[b]; RG. 13, 127).

3. Die Forderungen.

§ 10

a) Im allgemeinen.

Ein Recht zur Ausübung des Zurückbehaltungsrechts kann jemand natürlich nur dann haben, wenn er von seinem Gegner etwas zu fordern hat. Genau genommen bezeichnet Forderung stets einen obligatorischen Anspruch, da nach der Terminologie des BGB. dingliche Ansprüche nie mit Forderung bezeichnet werden. Trotzdem ist nicht anzunehmen, daß das Gesetz obligatorische Ansprüche besser stellen wollte als die dinglichen, hierzu fehlt jeder innere Grund. Im Sinne des § 369 ist es also gleich, ob die Forderung persönlichen oder dinglichen Charakter hat. Nicht jede Forderung aber kann für den Gläubiger ein Zurückbehaltungsrecht zur Entstehung bringen, das Gesetz verlangt erstens, daß die Forderungen fällig sind, zweitens, daß sie aus beiderseitigen Handelsgeschäften entstanden sind. Weitere Voraussetzungen mit Bezug auf die Forderungen enthält das HGB. nicht. Insbesondere hat es von der vom gemeinen Recht und den meisten Landesgesetzen geforderten Konnexität zwischen dem Anspruch des Gläubigers, auf Grund dessen dieser zurückbehalten will, und dem Anspruch des Schuldners, durch dessen vorläufige Nichtbefriedigung ersterer sein Zurückbehaltungsrecht ausüben will, abgesehen (Busch A. 8, 82; RG. 49, 82).

Die Konnexität war, da sie selbst in den Quellen nirgends definiert ist und ihr Begriff deshalb nur durch Folgerungen aus den in den Quellen sich findenden Beispielen gefunden wurde, ein schwankender, bald enger, bald weiter gefaßter Begriff und hat schon der gemeinrechtlichen Theorie und Praxis große Schwierigkeiten bereitet (Langfeld 12 Anm. 32; 97 Anm. 17).

Mit ihr war die Existenz eines rechtlichen Zusammenhangs zwischen den beiden Ansprüchen gefordert. BGB. 273 sagt, konnex sind Ansprüche, die aus demselben Verhältnis entsprungen sind. Konnexität liegt also vor, wenn Forderung und Gegenforderung eine natürliche oder gewollte Einheit bilden, d. h. derart miteinander verknüpft sind, daß die Geltendmachung des einen Anspruchs ohne gleichzeitige Befriedigung des Gegenanspruchs gegen Treu und Glauben verstoßen würde.

Das HGB. hat an Stelle der Konnexität ein klares und unzweideutiges Äquivalent gestellt, es verlangt für die Zurückbehaltung einen tatsächlichen Zusammenhang zwischen den beiden Ansprüchen; die Ansprüche müssen dem beiderseitigen Handelsverkehr der Parteien angehören, damit ist nach den allgemeinen kaufmännischen Anschauungen eine genügende und entsprechende Verwandtschaft hergestellt. Im Verkehre zwischen Kaufleuten, namentlich bei dauernder Geschäftsverbindung, erscheinen die einzelnen Forderungen und Gegenforderungen nicht mehr als einzelne, getrennt existierende und geltend zu machende Ansprüche. Die Einzelnatur derselben geht vielmehr verloren, es kommt nur noch die Gesamtheit von Forderungen und Gegenforderungen, die ja als Einheit angesehen werden, in Betracht; mit anderen Worten, die ursprünglich einzelnen Forderungen sind nur noch Posten im Soll und Haben des Kaufmanns. Diese Anschauung geht so weit, daß auch im Falle, wo es sich nicht um eine Mehrheit von Forderungen handelt, die singuläre Natur der Ansprüche unberücksichtigt bleibt und die Ansprüche selbst nur als Soll und Haben des Kaufmanns rangieren. Soll und Haben stehen ihrerseits wieder im Handelsverkehr in Wechselbeziehungen zueinander. Der Kaufmann operiert mit ihnen, als mit etwas, das durchaus zusammengehört, er sieht das ganze Kredit des anderen als Deckung und beim Rechnungsabschluß als Zahlung auf das gesamte Debet desselben an; nicht wieviel er bei dem einzelnen Geschäft dem anderen traut, sondern wieviel er nach dem Stand seines Kontos überhaupt von ihm zu fordern, oder an ihn zu zahlen hat, ist maßgebend. Den prägnantesten Ausdruck hat dieser Zusammenhang im Kontokorrentverkehr gefunden. Dem entspricht es, daß Waren eines Kaufmanns, welche der andere infolge ihres gegenseitigen Verkehrs in Händen hat, von letzteren als Deckung angesehen und zurückbehalten werden dürfen, denn der Kaufmann betrachtet die Ware nur ökonomisch als Wertobjekt. Man könnte das den Gedanken der allgemeinen Konnexität nennen (LABAND 487; GOLDSCHMIDT 1001).

Wenn also im Handelsverkehr immer bei zwei sich gegenüberstehenden Forderungen, falls sie den allgemeinen Ansprüchen entsprechen, zurückbehalten werden kann, so darf man deswegen doch nicht behaupten, daß eine jede wirtschaftliche Beziehung zwischen ihnen fehlt. Es ist dies nur eine ganz andere Beziehung, als im gemeinen Recht; nicht eine unmittelbare, sondern eine mittelbare. Sie wird nicht als besonderes Erfordernis aufgestellt, sondern vom Anspruch, wie vom Gegenanspruch wird eine derartig enge Zusammengehörigkeit zum Handelsverkehr verlangt, daß sie beide als zusammengehörig erscheinen. Es mag dann auch hier von Einfluß gewesen sein, daß mit der Abschwächung des Unterschiedes von Geld und Ware im Handelsverkehr es nahe lag, Grundsätze der Kompensation auf das Zurückbehaltungsrecht anzuwenden, und, da bei der Kompensation eine direkte Beziehung zwischen Forderung und Gegenforderung nicht besteht, eine solche auch bei dem Zurückbehaltungsrecht nicht zu verlangen.

Man kann also nicht behaupten, daß das kaufmännische Zurückbehaltungsrecht des Erfordernisses der Konnexität ganz entbehre.

Eine Ausnahme macht einzig das Gesetz betr. die Pflichten der Kaufleute bei Aufbewahrung fremder Wertpapiere vom 5. Juli 1896; hier wird Konnexität im Sinne des bürgerlichen Rechts auch beim kaufmännischen Zurückbehaltungsrecht gefordert; § 8 II bestimmt:

„Teilt der Zwischenbankier dem Hauptbankier mit, daß die Einkaufskommission für fremde Rechnung erfolgt, dann steht dem Hauptbankier an den angeschafften Papieren ein Zurückbehaltungsrecht nur wegen der Forderungen zu, welche mit Bezug auf diese Papiere entstanden sind (vgl. auch RG. 41, 35)."

Es handelt sich hier nicht nur um Geldforderungen, denn der Gegenstand der Forderung ist insoweit gleichgültig, daß es nur ein Anspruch sein muß, der in eine Geldforderung übergehen kann, da die Wirkung des kaufmännischen Zurückbehaltungsrechts, Befriedigung durch Verkauf der Zurückbehaltungsgegenstände, nur in diesem Falle zur Geltung kommen kann (BGB. 1228 II; Staub Anm. 9 zu 369); a. M. Makower 1108, der auch an Forderungen, die nicht in eine Geldforderung übergehen können, ein Zurückbehaltungsrecht für möglich erklärt, nur beschränke sich in diesem Falle seine Wirkung auf die Herausgabeverweigerung. Nur wenn der zurückbehaltene Gegenstand teilbar ist, kommt es insoweit auf die Höhe der Forderung an, als nur ein dem Betrage der Forderung entsprechender Teil zurückbehalten werden kann (ROHG. 2, 383; 9, 124; 12, 254; 18, 276; J. W. 84, 274[35]; vgl. auch ROHG. 14, 112; a. M. Makower 1111). Das heißt soviel, als zur Sicherung des Gläubigers erforderlich ist.[1] Es ergibt sich dies auch daraus, daß das kaufmännische Zurückbehaltungsrecht durch anderweite Sicherung ausgeschlossen ist.[2] Diese Beschränkung folgt aus der Natur des Zurückbehaltungsrechts, es soll kein Nötigungs- sondern ein Sicherungsmittel sein (Goldschmidts Z. 17, 200), und zu dieser Eigenschaft genügt es, daß ein der Forderung entsprechender Teil zurückbehalten wird (Busch A. 24, 149; Wengler A. 1, 8). Der für das Pfandrecht geltende Satz: „pignoris causa individua est“, kann nicht analog beim Zurückbehaltungsrecht angewendet werden, auch die Anwendung des Grundsatzes von Treu und Glauben führt zu diesem Ergebnis (Holdheim MS. 15, 107; RG. 61, 128). Der Gläubiger muß daher, falls der von ihm zurückbehaltene Gegenstand teilbar ist und der Schuldner im Wege der Klage Herausgabe desselben verlangt, zur Begründung seiner Zurückbehaltung die Höhe seiner

---

[1] Wengler A. N. F. 11, 728; Recht 06, 292; Holdheims MS. 06, 107; 06, 279; Warneyer 5 zu 369; Stenglein Z. 73, 318; Stegemann 2, 323; Wochenschrift für deutsches Handels- und Wechselrecht, begründet von Calm und Mallison 1, 246; Seuffert A. 26 Nr. 55; 26 Nr. 161; Bolze 10 Nr. 128[b]; OLG. 11, 409.

[2] Siebenhaar A. N. F. 3, 257; Zivilrechtliche Entscheidungen der obersten Gerichtshöfe Preußens, herausg. von Fenner und Mecke 2, 230; Busch A. 24, 480; Stenglein Z. 74, 352, doch dies nur, sofern die Sicherung zur Deckung der Forderung ausreicht (Warneyer 2 zu 369; OLG. 6, 88).

Forderung beweisen (ROHG. 15, 99). Bei Ansprüchen, die ein Tun oder Unterlassen des Gegners verlangen, kann das Zurückbehaltungsrecht nur geltend gemacht werden, wenn die Nichtbefriedigung dieses Anspruchs eine Schadensersatzforderung begründen kann (RG. 1, 282).

Die Zeit der Entstehung der Forderung kommt nicht in Betracht, außer im Falle des unten zu erörternden § 370; die Besitzerlangung kann stattgefunden haben, als die Forderung schon bestand oder noch nicht bestand, sie kann auch gleichzeitig mit der Entstehung der Forderung stattgefunden haben. Liquidität wird für die Forderung nicht verlangt (ROHG. 10, 236), eine verjährte Forderung oder eine Naturalobligation ist hingegen nicht zur Grundlage des kaufmännischen Zurückbehaltungsrechts geeignet (Staub Anm. 8; a. A. OLG. 6, 9).

§ 11.

b) Fälligkeit der Forderung.

Eine weitere Voraussetzung des kaufmännischen Zurückbehaltungsrechts ist nach dem Gesetz die Fälligkeit der Forderung. Der § 50 des österreichischen Entwurfs und ebenso der Art. 262 des ersten Entwurfs (siehe § 3) hatten diese Beschränkung noch nicht, doch wurde auf sie schon bei der ersten Lesung hingewiesen. Es wurde betont, daß eine solche Einschränkung wohl festgesetzt werden müsse, weil sonst der Schikane Tor und Tür geöffnet sei (Prot. 467). In der zweiten Lesung (Prot. 1347) wurde es als ein besonderer Mangel des Art. 262 bezeichnet, weil er zwischen fälligen und nichtfälligen Forderungen gar nicht unterscheide. Es seien doch die im Besitz des Gläubigers befindlichen Waren und sonstigen beweglichen Sachen, die jeden Augenblick zu Geld gemacht werden könnten, diesem auch gleich, es könnte deshalb auch mit ihnen kompensiert werden. Wegen nichtfälliger Forderungen sei nicht einmal Kompensation zulässig, es würde also das Zurückbehaltungsrecht weitergehen als das Kompensationsrecht. Es würde dann auch der durch die Kreditgewährung übernommenen Verpflichtung, nämlich für deren Dauer ohne Deckung zu bleiben und dem Schuldner so die günstige

Möglichkeit zu geben, während dieser Zeit die zur Deckung notwendigen Mittel anderweitig zu verwenden, entgegengehandelt und der Zweck der Kreditgewährung vereitelt. Die Beschränkung, daß der Art. 262 nur bei fälligen Forderungen gelten solle, sei also durchaus praktisch. Die drei neuen Fassungsvorschläge (siehe § 3) berücksichtigten denn auch diesen Gedanken und im Art. 294 I des Entwurfs zweiter Lesung (oben S. 13) ist die Beschränkung aufgenommen worden und findet sich nun im Gesetz.

Fällig ist die Forderung dann, wenn sie geltend gemacht werden kann; und zwar muß die verlangte Fälligkeit in dem Zeitpunkt vorhanden sein, in dem das Zurückbehaltungsrecht ausgeübt wird, nachdem die übrigen Voraussetzungen vorhanden sind, d. i. wo dem Verlangen auf Herausgabe der Gegenstände die Einrede des Zurückbehaltungsrechts entgegengesetzt wird, oder wo die Klage auf Gestattung der Befriedrigung erhoben wird (Bolze 7 Nr. 114). Es ist nicht notwendig, daß sie schon zur Zeit der Besitzerlangung fällig ist; eine gestundete Forderung ist nicht geeignet, doch ist es nicht notwendig, daß der Schuldner im Verzuge sei. Nicht richtig ist, wenn gesagt wird (wie Wertheimber 33): „fällig, d. h. nicht bedingt und nicht betagt", allerdings darf die Forderung weder bedingt noch betagt sein, d. h. aber nicht „fällig", denn der Eintritt der Bedingung macht nicht die Forderung fällig, sondern bringt sie zur Entstehung und die betagte Forderung wird mit der Zeit fällig. Die Zurückbehaltung auf Grund einer Forderung, die erst während des Prozesses über die Rückgabe fällig geworden ist, ist unzulässig (Seuffert A. 51, 87; Sächs. A. 5, 381). Für die Fälligkeit gelten die allgemeinen Bestimmungen, es entscheidet das maßgebende Recht der Forderung (Lehmann-Ring Nr. 6 zu 369); zu beachten sind insbesondere BGB. 271 I, der eine gesetzliche Vermutung über die Fälligkeit enthält, bei unbestimmten Ausdrücken (z. B. sobald ich in der Lage sein werde) entscheidet Treu und Glauben (BGB. 242); bei Bedingungen regelt BGB. 162 und bei Befristungen BGB. 163, wann diese als eingetreten, oder als nicht eingetreten gelten. Beachte auch HGB. 359, der über Handelsbrauch redet.

Ein besonders häufig vorkommender Fall ist die Zurückbehaltung wegen Forderungen aus Wechselakzepten. Hierbei wird besonders folgende Frage von Bedeutung: wann ist die Forderung des Akzeptanten gegen den Trassanten fällig, d. h. von welchem Zeitpunkt an kann der Akzeptant eines Wechsels das Zurückbehaltungsrecht an Sachen des Ausstellers geltend machen?

Von vornherein scheidet der Fall aus, daß der Wechsel auf Schuld gezogen ist, d. h. wenn er zur Tilgung einer Schuld des Akzeptanten gegen den Aussteller gezogen ist, hier entsteht für ihn gar keine Forderung, es wird nur eine Forderung des Ausstellers an ihn getilgt. Ist der Wechsel auf Kredit gezogen und angenommen worden, so wird der Anspruch aus dem Akzept erst mit der Zahlung fällig (ROHG. 18, 66), vorher kann der Akzeptant nicht das Zurückbehaltungsrecht ausüben (ausgenommen im Falle des § 370; darüber siehe unten § 14). Denn durch die Annahme des Wechsels spricht der Akzeptant aus, daß er den Wechsel für Rechnung des Ausstellers zahlen und diesem so lange Kredit gewähren wolle, daß er also mithin gemäß dem Wesen der Kreditgewährung darauf verzichte, die in seinen Händen befindlichen Vermögensstücke des Ausstellers zu seiner Sicherung und Deckung zu verwenden. In diesem Falle kann er vom Augenblick der Zahlung an ein Zurückbehaltungsrecht geltend machen. Der andere Fall, und das ist wohl der gewöhnliche, ist der, daß nicht auf Kredit gezogen worden ist, d. h. der Bezogene akzeptiert laut einer Abmachung mit dem Aussteller oder in der Erwartung, daß dieser ihm vor Fälligkeit des Wechsels Mittel zur Einlösung der Tratte geben werde. Hier wird der Anspruch des Bezogenen gegen den Aussteller gleichzeitig mit der Annahme fällig; der Akzeptant kann im Moment der Annahme schon an den in seinen Händen befindlichen Gegenständen des Ausstellers ein Zurückbehaltungsrecht ausüben, falls natürlich die übrigen Voraussetzungen vorliegen.

§ 12.

c) Grund der Forderung.

Wie oben in § 10 dargestellt wurde, ist es nicht notwendig, daß die Forderungen konnex sind, es wird nur verlangt, daß ihre Entstehung aus dem zwischen den Parteien bestehenden Handelsverkehr resultiert; sie muß nämlich aus einem zwischen ihnen geschlossenen beiderseitigen Handelsgeschäft herrühren (GOLDSCHMIDTS Z. 21, 170).

Für den Gläubiger, wie für den Schuldner muß also das Geschäft ein Handelsgeschäft sein,[1] es genügt nicht, daß beide Parteien Kaufleute sind, ob es ein Handelsgeschäft ist, das bestimmt sich nach den Vorschriften der §§ 343, 344 (Annalen des RG. 7, 362). Die im HGB. § 1 II bezeichneten Geschäfte sind auch dann Handelsgeschäfte, wenn sie von einem Kaufmann im Betrieb seines gewöhnlich auf andere Geschäfte gerichteten Handelsgewerbes geschlossen worden sind. Jedoch darf das Handelsgeschäft nicht formell wirkungslos oder nichtig sein (RG. 49, 424). Jede nicht im Geschäftsbetrieb entstandene Forderung ist also ausgeschlossen, z. B. Anschaffungen für den Haushalt und Privatbedarf, sowie Rechtsgeschäfte aus Beweggründen der Verwandtschaft oder Freundschaft, Geschäfte des Familien- und Erbrechts, z. B. Alimentationsansprüche und Ansprüche aus Legaten und Testamenten (STAUB Anm. 31 zu § 343). Auch die unter Kaufleuten in der beiderseitigen Erwartung, daß ein Kaufvertrag zustande kommen werde, erfolgte Zusendung bzw. Annahme und Aufnahme von Waren ist ein beiderseitiges Handelsgeschäft (ROHG. 7, 213; 10, 235; RG. 26, 59; BOLZE 10 Nr. 128). Das ROHG. (6, 195) nimmt auch an, daß ein Engagementsvertrag, durch den eine Genossenschaft einen Kaufmann als Kassierer bestellte, ein beiderseitiges Handelsgeschäft sei, es gibt deshalb der Genossenschaft, als sich ein Fehlbetrag in der Kasse herausstellte, zur Deckung dieser Forderung ein Zurückbehaltungsrecht an den ihr verpfändeten Papieren des Kassierers, indem es diese als eine aus diesem Handelsgeschäft hervorgegangene Forderung ansieht. Der Anspruch auf Erstattung von Prozeßkosten kann nach STAUB (Anm. 6) auch dazu gehören, wenn der Prozeß durch Geltendmachung eines beiderseitigen handelsgeschäftlichen Anspruchs entstanden ist. Mittelbar werden Kosten und Zinsen selbst, so-

---

[1] GOLDSCHMIDT Gutachten 88 verlangt, daß diese Beschränkung wegfallen solle; ebenso RIESSER 21, 407. § 35 des Hamburger Einführungsgesetzes zum ADHGB. hatte bestimmt, daß nicht bloß wegen Forderungen aus beiderseitigen Handelsgeschäften, sondern wegen Forderungen aller Art das Zurückbehaltungsrecht geltend gemacht werden könne; GOLDSCHMIDTS Z. 14, 46.

weit nicht auf beiderseitigen Handelsgeschäften beruhend, durch das Zurückbehaltungsrecht gedeckt, da der Zurückbehaltende Tilgung der Hauptforderung nicht vor Tilgung der Kosten und Zinsen anzunehmen braucht. BGB. 367 (Makower 1109).

Als Erfordernis einer direkten Beziehung zwischen den Parteien wird noch verlangt, daß das Handelsgeschäft zwischen Gläubiger und Schuldner, den beiden Subjekten des Zurückbehaltungsrechts, abgeschlossen sei (vgl. J. W. 85, 268[10]).

Schon in der ersten Lesung wurde diese Einschränkung beantragt (Prot. 463), doch fand sie mehrfache Beanstandung. Es wurde hervorgehoben, der Vorschlag sei zu weit, weil er alle möglichen durch Zession erworbenen Forderungen vom Pfandrecht ausschließe, nehme man diese Beschränkung des Prinzipes an, so bleibe für dessen Anwendung nur ein geringes und ungenügendes Feld übrig; sodann sei er zu eng, weil er den Wechsel nicht erwähne, durch welchen am Ende das Gesetz leicht werde zu umgehen sein. Es wurden sodann wieder verschiedene Vorschläge gemacht; einer lautete dahin (Prot. 464), es solle für Forderungen, welche durch Zession erworben seien, dieses Pfandrecht im Konkurse dann nicht geltend gemacht werden können, wenn die Zession innerhalb der letzten 3 Monate vor der Zahlungseinstellung stattgefunden habe; dagegen wurde erwidert, es sei Sache der Konkursordnungen, derartige Bestimmungen zu treffen. Schließlich wurde die Beschränkung in der ersten Lesung, als 8 gegen 8 Stimmen standen, durch die entscheidende Stimme des Präsidenten abgelehnt (Prot. 468).

In der zweiten Lesung (Prot. 1350) wurde ausgeführt, es wäre unbillig, das Vorrecht des Art. 262 (siehe oben S. 10) den Kaufleuten wegen ihrer Forderungen aus Handelsgeschäften ohne Rücksicht auf die Eigenschaft des Schuldners zuzugestehen. Um diese Unbilligkeit zu beseitigen, solle der Artikel auf Forderungen der Kaufleute gegen Kaufleute aus ihren beiderseitigen Handelsgeschäften beschränkt werden. Bei der Beratung wurde hierauf die Beschränkung mit 9 gegen 6 Stimmen angenommen.

Ein Monitum Hamburgs zur dritten Lesung (Monita 304), welcher wollte, daß die Fälle der Zession ausgeschlossen würden, nicht aber die Fälle des Indossaments, wurde abgelehnt.

Die Absicht ging also dahin, auch für zedierte Forderungen eventuell das Zurückbehaltungsrecht zu geben; nämlich in dem Falle, wenn die Veranlassung zu dem Erwerbe der Forderung ein zwischen dem Zessionar und dem debitor cessus abgeschlossenes Handelsgeschäft sei (Stenglein 1872, 335; Entscheidungen des preußischen Ober-Tribunals 62, 198; Seuffert A. N. F. 25 Nr. 52). Nach dem Gesetzestext ist es aber ausgeschlossen, daß bei zedierten Forderungen einem Zurückbehaltungsrecht stattgegeben wird.[1] Auch in dem angeführten Beispiel kann ein Zurückbehaltungsrecht nicht gegeben werden, denn wie Hahn (a. a. O.) sagt, wenn der Schuldner mit einem Dritten dahin übereinkommt, daß derselbe sich von dem Gläubiger gegen Zahlung des Betrages die Forderung zedieren lasse, und die Zession daraufhin erfolgt, so ist jene Übereinkunft allerdings die Veranlassung zur Zession gewesen, der Zessionar hat aber seine Forderung gegen den Schuldner keineswegs aus dieser Übereinkunft erworben, sondern lediglich aus dem zwischen dem Zedenten und dem debitor cessus ursprünglich abgeschlossenen Geschäft. Daher findet auch hier, selbst wenn jene Übereinkunft ein beiderseitiges Handelsgeschäft war, das Zurückbehaltungsrecht keine Anwendung.

Durch diese gesetzliche Beschränkung wird einmal der Schuldner geschützt, denn sonst könnte ein Kaufmann, der zur Zurückbehaltung geeignete Gegenstände in Händen hat, sich Forderungen von solchen zedieren lassen, die keine derartigen Gegenstände im Besitz haben, dadurch wäre der Schuldner dann nicht mehr in der Lage, darüber zu verfügen, überhaupt könnten dadurch seine ganzen Dispositionen durchkreuzt und er selbst dem Ruin entgegengeführt werden. Andererseits schützt es auch die Gläubiger, namentlich im Falle eines Konkurses. Fehlte die Bestimmung, so könnten angesichts eines bevorstehenden Kon-

---

[1] ROHG. 5, 305; 10, 162; RG. 9, 49; 18, 234; Seuffert A. N. F. 8, 433; J. W. 86, 199[25]; Stegemann 6, 201 und Hahn § 5 zu 313; Laband 491; Sievers 178; a. A. Cosack 129, der zwischen ererbten, abgetretenen und ursprünglich erworbenen Forderungen nicht unterscheiden will. Diese Ansicht enthält aber keine Auslesung des Gesetzes, sondern setzt sich damit in Widerspruch und ist nicht zu billigen. Wolff 268f.; Makower 1109, doch nur wenn die Forderung durch Gesamtnachfolge erworben ist.

kurses Gläubiger, die durch Gegenstände des Schuldners gedeckt sind, von solchen befreundeten Gläubigern, die keine Deckung haben oder selbst gegen Entgelt sich deren Forderungen zedieren lassen und diese insgesamt beim Konkurs zum Nachteil der übrigen Gläubiger geltend machen.

Bei Forderungen, die durch Erbgang, Rechtssatz (z. B. Übergang der Rechte des Wechselnehmers auf den Ehrenzahler) oder richterliche Überweisung übergegangen sind, kann deshalb kein Zurückbehaltungsrecht entstehen, weil hier kein Handelsgeschäft vorliegt. Auch bei Forderungen, die bei Übergang eines Handelsgeschäfts (HGB. 22f.) mit übergegangen sind, kann kein Zurückbehaltungsrecht geltend gemacht werden. Ist dagegen das Zurückbehaltungsrecht schon begründet und stirbt dann eine der Parteien, so bleibt das Zurückbehaltungsrecht auf Gläubiger- und Schuldnerseite bzw. deren Rechtsnachfolger bestehen.

Verschieden ist die Meinung darüber, ob ein schon vorhandenes Zurückbehaltungsrecht durch Sondernachfolge übergehen kann. Sicher ist, daß es nicht von der Forderung getrennt übergehen kann (Goldmann 1555; Makower 1109), denn kein Sicherungsrecht kann getrennt von dem Anspruch, den es sichern soll, übergehen (BGB. 1153 II; 1250 I S. 2); wird durch eine Einrede die Forderung zerstört, so beseitigt sie auch das Zurückbehaltungsrecht, da es eben ohne den Anspruch nicht bestehen kann. Makower (a. a. O.) meint, daß es auch bei Abtretung der Forderung ohne ausdrückliche Erwähnung übergehe, er schließt es daraus, daß BGB. 401 auch auf andere, daselbst nicht genannte Sicherungsrechte ausgedehnt werden kann. Die herrschende Meinung verneint diese Möglichkeit und sagt, daß das Zurückbehaltungsrecht nur bei ausdrücklicher Erwähnung mit übertragen werden könne, und zwar auch nur dann, wenn gleichzeitig der Gläubiger den Besitz an den zurückbehaltenen Gegenständen mit überträgt (Staub Anm. 7 zu 369; Düringer-Hachenburg 559; ROHG. 5, 306; 10, 161).

Wenn eine Schuldübernahme im Sinne des BGB. 414 stattfindet, so kann das Zurückbehaltungsrecht gegen den neuen Schuldner nicht geltend gemacht werden, denn die Forderung stammt nicht aus einem zwischen dem Gläubiger und dem neuen Schuldner geschlossenen Geschäft und das vom alten Schuldner mit dem Gläubiger geschlossene Geschäft kann nicht durch Schuldübernahme nachträglich zu einem Geschäft zwischen dem neuen Schuldner und dem Gläubiger werden (a. M. GOLDSCHMIDT 1041; v. HAHN 175; LEHMANN-RING Nr. 4 zu 369).

Durch den Ausschluß zedierter Forderungen werden diejenigen aus Orderpapieren nicht betroffen. Die Entscheidung hängt hier davon ab, welcher von den beiden Ansichten, über die Einredebeschränkungen des Ausstellers, man den Vorzug gibt, mit anderen Worten, welche Natur man dem Rechte des späteren Nehmers beilegt. Die einen (BRUNNER, GIERKE) nehmen an, daß der spätere Nehmer in das aus dem Papier abgeleitete Recht seines früheren Auktors sukzediere, wobei jedoch die dem Vordermann außerhalb der Innehabung anhaftende Fehlerhaftigkeit nicht mit übergegangen sei. Nach der anderen Ansicht entsteht bei der Weitergabe des Papieres eine originäre Rechtsbildung, indem fingiert wird, der spätere Nehmer habe mit dem Aussteller selbst kontrahiert und habe infolgedessen ein neues direkt vom Aussteller und nicht von dem früheren Nehmer abgeleitetes Recht. Fußend auf der letzteren Ansicht nimmt die herrschende Meinung (v. HAHN § 6 zu Art. 313; GOLDSCHMIDT 1040; STAUB Anm. 7 zu § 369; GOLDMANN Nr. 18 zu 369; SIEVERS 178) in Übereinstimmung mit der Rechtsprechung (z. B. SEUFFERT A. 43 Nr. 90; J. W. 1883, 158[25]) an, daß durch das Indossament ein unmittelbares Rechtsverhältnis zwischen dem jeweiligen Berechtigten und Verpflichteten begründet wird. Daher ist der Schuldner bei den Orderpapieren als ein dem jeweiligen Gläubiger aus einem mit ihm geschlossenen Geschäfte Verpflichteter anzusehen, womit dem Erfordernis des § 369 genügt ist. Auch das Reichsgericht (9, 46) teilt diese Ansicht; der Aussteller bzw. Wechselunterzeichner habe mit der Ausstellung bzw. Unterzeichnung des Wechsels erklärt, zu jedem legitimierten Inhaber der Urkunde in ein direktes Schuldverhältnis treten, denselben als seinen Gläubiger anerkennen zu wollen. Die entgegengesetzte Meinung vertritt LABAND (491; Entscheidungen des preuß. Ober-Tribunals 62, 198; LÖHR Centralorgan N. F. 5, 191; BUSCH A. N. F. 3, 145). Die Beratungsprotokolle (560) sagen: „Wer Orderpapiere ausgibt, erklärt damit, daß er nicht auf die

Person des ersten Gläubigers Gewicht legt, sondern sich gleichsam einen fungiblen Gläubiger gefallen lassen wolle."

„Allerdings geschieht die Bestimmung der Personen der sukzessiven Nehmer durch die selbständige Entschließung der Vormänner. Allein die Grundlage des Verhältnisses beruht immer auf dem Obligiertseinwollen des Ausstellers oder Wechselzeichners gegenüber unbestimmten oder durch den Papiererwerb Bestimmtheit erlangenden Gläubigern. Es scheint deshalb zulässig und gerechtfertigt, die rechtsgeschäftlichen Handlungen der Ausstellung der Orderpapiere oder der Wechselzeichnung einerseits und des Erwerbes des Papieres seitens eines dritten Nehmers andererseits als zwischen den betreffenden Personen geschlossenen Geschäfte im Sinne des § 369 anzusehen (J. W. 83, 158[25])."

Die erstere Ansicht hat insoweit einen Vorzug, als ihre Sätze die bona fides im Geschäftsleben begünstigen wollen, sie stehen damit mehr auf dem Boden des bürgerlichen Rechts, indem sie auf die sittlichen Grundlagen unseres Verkehrs, Treu und Glauben, hinweisen. Von diesem Standpunkt aus würde wegen solcher Forderungen aus Order- oder Inhaberpapieren ein Zurückbehaltungsrecht nicht geltend gemacht werden können.

Teilt man die herrschende Meinung für die Orderpapiere, um so mehr muß man sie bei Inhaberpapieren im Verhältnis zwischen dem Erwerber des Papieres und dem Aussteller desselben gelten lassen. Denn hier verpflichtet sich von vornherein der Aussteller jedem Inhaber.

§ 13.

4. Das Fehlen einer entgegenstehenden Anweisung oder Verpflichtung.

Wie wir oben im § 2 gesehen haben, war der Gedanke, auf dem das Zurückbehaltungsrecht beruhte, der der Billigkeit. Hierauf und auf dem Grundsatz, daß Treu und Glauben im Rechtsverkehr regieren solle, beruht der Abs. 3 des § 369:

„Das Zurückbehaltungsrecht ist ausgeschlossen, wenn die Zurückbehaltung des Gegenstandes der von dem Schuldner vor oder bei der Übergabe erteilten Anweisung oder der von dem Gläubiger übernommenen Verpflichtung, in einer bestimmten Weise mit dem Gegenstande zu verfahren, widerstreitet."

Hiermit sagt aber das HGB. nichts Neues, vom früheren Recht Abweichendes. Auch in Rom würde in einem solchen Falle die exceptio doli, weil sie selbst einen dolus enthält, keinen Erfolg gehabt haben. Es wird dies deshalb nur nirgends betont, weil bei dem gemeinrechtlichen Retentionsrecht es viel seltener vorkam, daß das Retentionsobjekt mit der Vorschrift bzw. Verpflichtung in bestimmter Weise damit zu verfahren, vom Zurückbehaltenden übernommen ist; so auch RG. 9, 295. Diese Bestimmung befindet sich auch schon in den Statuten von Genua, in der Nürnberger Wechselordnung, im Augsburger Ratsdekret und im HGB. von Chile von 1555 (vgl. GOLDSCHMIDT § 98 Nr. 53). Im Handelsverkehr ist es dagegen eine häufige Tatsache, daß ein Kaufmann Sachen eines anderen vorübergehend in Händen hat, und deshalb ist schon aus diesem Grunde eine Einschränkung nötig, damit das Rechtsinstitut nicht eine allzu gewaltige Ausdehnung gewinne und einem geregelten Güteraustausch große Gefahr bringe. Es würde den Schuldner ruinieren, falls der Gläubiger auch dann ein Zurückbehaltungsrecht geltend machen könnte, obwohl er die Verpflichtung übernommen hatte, mit den Gegenständen in bestimmter Weise zu verfahren. Auch das Zurückbehaltungsrecht des bürgerlichen Rechts ist nur insoweit möglich, insofern nicht aus dem Schuldverhältnisse sich ein anderes ergibt (vgl. auch RG. 9, 295).

Man muß sich bei dem Wortlaut des Abs. 3 fragen, ob nicht in jedem Falle eine Anweisung des Schuldners, oder eine Verpflichtung des Gläubigers in einer bestimmten Weise mit dem Gegenstande zu verfahren vorliegt, welche der Ausübung des Zurückbehaltungsrechts widerstreitet. Außer in dem Falle, daß der Besitz ausdrücklich zur Ausübung des Zurückbehaltungsrechts übertragen worden ist, ist dies zu bejahen. Denn in allen Fällen, wo jemand einen ihm gehörigen Gegenstand in den Besitz eines anderen gelangen läßt, ohne diesem das Eigentum übertragen zu wollen, ist der Besitzer verpflichtet, im gegebenen Augenblick den Besitz an den Gegenständen aufzugeben, entweder um ihn auf den

Eigentümer zurückzuübertragen, oder in einer anderen Weise nach dessen Dispositionen zu verfahren. Ein derartiges, obligatorisches Verhältnis setzt der Abs. 1 von 369 stets voraus, denn wie schon oben (S. 15) gesagt, heißt doch zurückbehalten: die Herausgabe dessen verweigern, was man eigentlich herausgeben müßte. Diese stets vorhandene Verpflichtung bzw. Anweisung kann also Abs. 3 nicht treffen wollen, denn sonst würde durch ihn der Abs. 1 einfach aufgehoben. Soll die Bestimmung des Abs. 3 einen Sinn haben, so muß er dahin ausgelegt werden, daß das Zurückbehaltungsrecht dann nicht geltend gemacht werden darf, wenn nicht bloß die aus der Natur des obligatorischen Verhältnisses sich ergebende Pflicht dem Schuldner den Besitz an den Gegenständen wieder zu verschaffen, indem die Gegenstände schließlich dem Schuldner zurückzuliefern sind, besteht, sondern wenn noch besonders und ausdrücklich die Vorschrift erteilt ist, in bestimmter Weise mit dem Gegenstande zu verfahren.[1] Auf den Ausdruck „ist ausgeschlossen", ist kein entscheidendes Gewicht zu legen; das Zurückbehaltungsrecht besteht an sich, wenn seine Voraussetzungen vorliegen, es darf nur nicht im Falle des § 369 III geltend gemacht werden, außer, wenn die Voraussetzungen des § 370 II vorliegen (OLG. 11, 409; Schleswig-Holsteinscher Anzeiger 05, 185; Warneyer Bd. 5 zu 369). Es muß sich also aus der vom Schuldner erteilten Anweisung, oder der vom Gläubiger übernommenen Verpflichtung, oder aus den Begleitumständen klar ergeben, daß der Wille des Schuldners bzw. Gläubigers darauf gerichtet war, darüber eine Bestimmung zu geben, was mit dem Gegenstand weiter geschehen solle, nachdem der Zweck der Besitzübertragung erledigt sei (ROHG. 19, 372; J. W. 96, 702[42]), er würde in diesem Falle arglistig handeln, wenn er doch ein Zurückbehaltungsrecht geltend machen wollte (RG. 9, 295). Der von Cosack vertretenen Ansicht, daß sich das Zurückbehaltungsrecht auf solche Fälle beschränke, in welchen der Schuldner absichtlich Sachen in Hinsicht auf den gewährten oder zu gewährenden Kredit in Besitz des Gläubigers gelangen ließ, ist nicht zuzustimmen.

---

[1] ROHG. 12, 29; 19, 369; Gruchot B. 45, 1056; RG. 12, 27; 19, 374; Sächs. A. 2, 134; J. W. 00, 756[26]; Staub Anm. 40 zu 369; Kaufmann 1, 40.

Diese engt das Zurückbehaltungsrecht zu sehr ein und ist nicht in dem Gesetz begründet (DERNBURG, Preuß. Privatrecht 3. Aufl. 788 Anm. 7).

Das ROHG. (12, 27) entschied dahin, daß der Fabrikant das Zurückbehaltungsrecht an einem ihm zur Reparatur übersandten Gegenstand habe, obwohl der andere jenen Gegenstand zu seinem Geschäft dringend bedurfte. Dasselbe Gericht sagt (7, 213), daß an einer zur Probe zugesandten Maschine ein Zurückbehaltungsrecht wegen des darauf gemachten Vorschusses nach Erledigung des Zweckes der Zusendung zulässig sei (STEGEMANN 8, 265; BUSCH 8, 87; LÖHR Centralorgan N. F. 1, 590; SEUFFERT A. 20, 162; LABAND 168 f.; BOLZE 8 Nr. 111, 112; STENGLEIN Z. 75, 286; GRUCHOT B. 45, 1056). Wenn es sich um Waren handelt, die nur zur Ansicht zugesendet sind, so ist an ihnen kein Zurückbehaltungsrecht möglich (BUSCH A. 18, 414; SIEBENHAAR A. 18, 281; SEUFFERT A. 24, 259; GOLDSCHMIDTS Z. 9, 168; 17, 200). Ferner hat das OLG. Dresden (Sächs. A. 2, 234) ausgesprochen, daß der Fabrikant die verarbeiteten Rohstoffe wegen des Lohnes zurückbehalten dürfe. Die erteilte Vorschrift muß so beschaffen sein, daß nach der Art des vorgeschriebenen Verfahrens die Ausschließung des Zurückbehaltungsrechts als von den Beteiligten übereinstimmend gewollt betrachtet werden muß. Das RG. (26, 58) spricht aus, daß dem Käufer, der vom Vertrage wegen Nichterfüllung zurückgetreten ist, an der trotzdem verspätet zugesandten und wegen verspäteter Erfüllung zurückgewiesenen aber auf Lager genommenen Ware ein Zurückbehaltungsrecht zustehe; ebenso wenn ein Gläubiger von einem Schuldner Waren kauft, die gelieferten aber nicht annimmt, sondern wegen Mängel zur Verfügung stellt, dies steht einer Geltendmachung des Zurückbehaltungsrechts wegen einer anderen Forderung nicht entgegen, außer wenn der Absender zugleich mit der Absendung erklärt hat, die Ware solle, falls sie nicht angenommen werde, ihm zurückgesandt werden. In diesem Falle steht der Abs. 3 mit seiner Bestimmung entgegen (GOLDSCHMIDTS Z. 9, 171; LÖHR Centralorgan N. F. 1, 595; GOLDSCHMIDTS Z. 17, 258; BOLZE 10 Nr. 128; RG. 26, 58; abweichend GOLDSCHMIDTS Z. 9, 173; BUSCH A. 4, 453; N. F. 6, 303; RASSOW, Reichsgerichtsentscheidungen Nr. 924). Übergabe behufs Appretur, zum Waschen, Färben schließt an sich noch nicht das Zurückbehaltungsrecht aus, denn dieses Verhältnis führt eben zum Besitz, erst wenn noch eine besondere Bestimmung hinzu kommt, wird das Zurückbehaltungsrecht ausgeschlossen (Goldschmidts Z. 43, 358).

Dagegen wurde der Abs. 3 für anwendbar erklärt, als dem Gläubiger Geld übersendet worden war, mit dem Auftrage an der Börse dafür gewisse Effekten zu kaufen und diese zur Verfügung des Auftraggebers zu halten (ROHG. 8, 49; vgl. auch RG. 12, 91). Ebenso liegt in dem Ersuchen, den Gegenwert eines eingesendeten, zur Weiterbegebung geeigneten Wechsels an einen namentlich bezeichneten Geschäftsfreund einzusenden, ein das Entstehen des Zurückbehaltungsrechts hindernder Auftrag, der dahin lautet, mit dem Eingesendeten in einer bestimmten Weise zu verfahren (Busch N. F. 9, 339). Auch zwischen der Zurückbehaltung des Gutes und der Übernahme des Auftrages zu dessen Beförderung zwecks Aushändigung an einem dritten Empfänger besteht ein solcher Widerstreit (Holdheim MS. 6, 59), daher erscheint der Spediteur in der Regel nur beim Vorliegen der Fälle des § 410 HGB. zur Zurückbehaltung befugt (Busch A. 11, 479; vgl. auch Stenglein Z. 79, 189). Durch Abschluß eines Agenturvertrages erhält der Agent die Anweisung, die ihm übersandte Ware zu veräußern, hiermit übernimmt er eine Verpflichtung, die in der Regel ein Zurückbehaltungsrecht ausschließt (Schleswig-Holsteinischer Anzeiger 05, 185).

Die Anweisung von seiten des Schuldners und die Verpflichtung auf seiten des Gläubigers sagen dasselbe, nämlich, daß dem Gläubiger eine bestimmte Verpflichtung auferlegt ist. Ein Unterschied liegt darin, daß die Anweisung ein einseitiges Rechtsgeschäft ist, während die Verpflichtung nur durch Vertrag zwischen den Parteien entstehen kann. Im Falle, daß der Gläubiger der bei der Übernahme vom Schuldner erteilten Anweisung ausdrücklich oder stillschweigend zustimmt, übernimmt er dadurch eine Verpflichtung, widerspricht er der Anweisung, nimmt aber trotzdem die Sachen an, so kann er doch kein Zurückbehaltungsrecht ausüben.

Das Gesetz sagt mit Bezug auf den Zeitpunkt, daß die

Anweisung vor oder bei der Übergabe erteilt sein muß, ist sie früher erteilt, so muß sie sich auf die später zu übergebenden Gegenstände beziehen, bei der Verpflichtung trifft es keine ausdrückliche Bestimmung. Damit soll also ausgedrückt werden, daß die Verpflichtung auch in bindender Weise noch nach der Besitzerlangung des Gläubigers von diesem übernommen werden kann. Der Gläubiger kann nicht einseitig von ihr abgehen; nur wenn der Schuldner nach der Übernahme der Verpflichtung und vor Übergabe der Sache an den Gläubiger unsicher wird, ist es anders (Seuffert A. 40, 22). Auch dann kann vom Schuldner noch nach der Besitzübertragung eine den Gläubiger bindende Anweisung erteilt werden, wenn zu der Zeit, als sie der Schuldner erteilte, noch kein Zurückbehaltungsrecht für den Gläubiger entstanden war, ist dagegen das Zurückbehaltungsrecht schon entstanden, so ist nur noch Raum für eine vertragliche Verpflichtung des Gläubigers, um die Geltendmachung des Zurückbehaltungsrechts auszuschließen (so Lehmann-Ring Anm. 16 zu 369; a. M. Goldschmidt 1045 Anm. 56; Staub Anm. 39 zu 369; Düringer-Hachenburg 572; Makower 1125), denn der Verzicht auf sein Recht kann selbstverständlich zu jeder Zeit geschehen oder es kann die einseitige Verpflichtung dann einem möglicherweise künftig erwachsenden Zurückbehaltungsrecht vorbeugen (Goldschmidts Z. 35, 266).

Wie das Gesetz sagt, muß die Anweisung oder Verpflichtung der Ausübung des Zurückbehaltungsrechts „widerstreiten". Das bedeutet, daß wenn nur für einige von mehreren Sachen eine Anweisung erteilt oder eine Verpflichtung übernommen ist, für die übrigen Sachen, bei denen der Zurückbehaltung nichts widerstreitet, dieses Recht zuzulassen ist.

Thöl (721) hebt noch hervor, daß die rechtzeitige Willenserklärung oder der Vertrag, eine bestimmte Weise enthalten muß, wie mit der Sache zu verfahren sei. Anderer Meinung ist Goldschmidt (1047); gegen dessen Beispiel wendet sich Thöl besonders, er behauptet, daß auch dann ein Zurückbehaltungsrecht möglich sei, wenn der Gläubiger eine Sache mit der Weisung empfangen hat, dieselbe oder deren Erlös bis auf weitere Order zu bewahren, oder sie zur Verfügung des Einsenders zu halten. Doch ist hiergegen einzuwenden, daß diese Weisung genügt, wenn sich nur der deutliche Wille kundgibt, daß der Schuldner sich damit vorbehalten wollte, über die Ware jederzeit anderweit verfügen zu können und sie so dem Zurückbehaltungsrecht zu entziehen (J. W. 94, 20[52]).

Fälle, in denen es praktisch wichtig wird, ob eine entgegenstehende Disposition vorhanden ist oder nicht, ergeben sich z. B. beim Kauf auf Probe. Die allgemein hier bestehende Verpflichtung, die Ware, falls sie nicht gefällt, wieder herauszugeben, genügt hier nicht zum Anschluß des Zurückbehaltungsrechts (Staub Anm. 42 zu 369; ebenso jetzt auch Makower 1129, anders noch die 12. Auflage). Ebenso hat der Gläubiger ein Zurückbehaltungsrecht an Waren, die ihm zur Beförderung an einen Dritten gegeben sind, falls der Dritte die Annahme verweigert (J. W. 96, 702). Ohne eine Bestimmung hinterlegte Waren können zurückbehalten werden, anders aber wenn bestimmt worden ist, daß die Sachen bei Beendigung der Verwahrung an den Hinterleger oder einen Dritten abzuliefern seien. Weitere Beispiele siehe bei Staub Anm. 42—51 und Makower 1129.

Würde ein Kaufmann entgegen der von ihm übernommenen Verpflichtung Gegenstände des Schuldners anstatt sie ihm abzuliefern zur Deckung seiner Forderungen zurückbehalten, so läge Unterschlagung im Sinne StGB. 246 vor (Busch A. N. F. 15, 184).

§ 14.

III. Die Voraussetzungen des außerordentlichen kaufmännischen Zurückbehaltungsrechts (§ 370.)

Die Tendenz der bisher besprochenen Voraussetzungen geht allgemein dahin, den Kredit zu sichern und den Handelsverkehr damit zu fördern (vgl. J. W. 86, 199[25]). Ganz besonders wertvoll würde aber das kaufmännische Zurückbehaltungsrecht sein, wenn es dann einen Schutz gewährte, wenn infolge einer unsicheren Vermögenslage des Schuldners eine Gefährdung der Forderungen des Gläubigers zu befürchten ist. Denn solange ein Kaufmann in gesicherter Vermögenslage ist, wird es sein Gläubiger immer zu vermeiden suchen, die Geschäftsverbindung mit ihm zu zerstören, was wohl sicher durch eine Zurückbehaltung von dessen Waren geschehen würde. Dann aber, wenn die Vermögenslage Anlaß zu der Befürchtung gibt, daß der Schuldner nicht mehr in der Lage sein wird, seinen bestehenden Verbindlichkeiten nachzukommen, dann ist es für den Kaufmann eine Pflicht der Selbsterhaltung, sich zu sichern und ein Zurückbehaltungsrecht auszuüben.

Um aber dem Gläubiger noch eine weitergehendere Sicherheit zu gewähren, hat das Gesetz im § 370, beim Vorliegen gewisser Umstände, durch welche es den Beweis der Zahlungsunfähigkeit oder wenigstens Unsicherheit des Schuldners erbracht sieht, zwei von den sonst verlangten Voraussetzungen fallen gelassen. Diese Erleichterung in den Voraussetzungen gewährt das Gesetz mit Recht, denn die Erfordernisse, die das Gesetz bei normaler Vermögenslage des Schuldners verlangt, damit ein Zurückbehaltungsrecht ausgeübt werden kann, beschränken dessen Ausübung in der Weise, daß sie nur in wenigeren Fällen möglich ist.

Nach Analogie des Art. 29 WO., der den Regreß des Wechselinhabers auf Sicherstellung wegen Unsicherheit des Akzeptanten behandelt, ist eine entsprechende Bestimmung in das HGB. aufgenommen worden, für den Fall, daß eine besondere Unsicherheit in der Vermögenslage des Schuldners eintritt.

Eine solche Gestattung außerordentlicher Befugnisse fand sich deshalb noch nicht im § 50 des österreichischen Entwurfes, weil hier die ganzen Voraussetzungen, wie sie jetzt verlangt werden, noch gar nicht in den Bestimmungen enthalten waren. Schon in der ersten Lesung wurde darauf hingewiesen, daß dem Gläubiger weitergehendere Befugnisse im Falle eines Konkurses des Schuldners gegeben werden müßten.

In der zweiten Lesung wurde zu der zugrunde gelegten Fassung erwähnt, es seien hier zwei Fälle zu unterscheiden, erstens der Fall, daß die betreffenden Umstände erst nach dem Eintritt der in Abs. 2 statuierten Voraussetzungen eingetreten und zweitens, daß sie zwar vorher eingetreten, aber erst nachher dem Gläubiger bekannt geworden seien. Es wurde sodann Streichung dieser Bestimmung beantragt, weil sie zu weit gehe und mit der bona fides, welche zur Aufnahme des Abs. 2 Veranlassung gegeben habe, nicht vereinbar sei und ihn eigentlich wieder aufhebe. Nach mehrfachen Erwägungen wurde die Bestimmung aber doch mit 9 gegen 6 Stimmen angenommen (Prot. 1354). Ein Monitum Sachsens bemängelte den unbestimmten Ausdruck „Unsicherheit des Schuldners" und schlug vor, den Artikel entsprechend dem Art. 29 WO. zu fassen.

Wie oben (S. 14) ausgeführt ist, wurde in der dritten Lesung die hier in Frage stehende Bestimmung, die sich Abs. 3 des Art. 294 im Entwurfe nach den Beschlüssen der zweiten Lesung findet, noch genauer präzisiert (Prot. 5074) und dann im Art. 314 in das ADHGB. aufgenommen. Goldschmidt hatte folgende Fassung in seinem Gutachten (92) vorgeschlagen:

> „Ist jedoch über den Schuldner der Konkurs eröffnet worden oder eine Exekution in dessen Vermögen fruchtlos vollstreckt oder die Personalhaft wider denselben verhängt worden, so besteht das Zurückbehaltungsrecht ungeachtet dieser Vorschrift und auch für die nichtfälligen Forderungen."

Von den vier im Art. 314 aufgeführten Fällen, in denen ein außerordentliches Zurückbehaltungsrecht möglich sein sollte, finden wir nur noch drei in unserem HGB.; der auch in WO. 29 früher enthaltene vierte Fall, Vollstreckung des persönlichen Arrestes gegen den Schuldner wegen Nichterfüllung einer Zahlungsverbindlichkeit, ist durch § 1 des Gesetzes vom 29. Mai 1868 in Verbidung mit der ZPO., welche die Schuldhaft nur zur Erwirkung von Handlungen oder Unterlassungen (ZPO. 888, 890) und zur Erzwingung des Offenbarungseides (ZPO. 901) gestattet, gegenstandslos geworden und daher weggefallen.

a) Der Konkurs ist über das Vermögen des Schuldners eröffnet; wann die Konkurseröffnung eintritt, bestimmt KO. 102, der Zahlungsunfähigkeit des Schuldners als Voraussetzung der Konkurseröffnung verlangt. Sie liegt bei dem auf voraussichtlich andauerndem Mangel von Zahlungsmitteln beruhenden Unvermögen des Schuldners, seine sofort zu erfüllenden Geldverbindlichkeiten im wesentlichen zu berichtigen, vor, unabhängig davon, ob der Gemeinschuldner sich wirklich im Zustand der Überschuldung befindet (RG. 22, 47). Der Eröffnung des Konkurses, die nach

KO. 108 durch einen Beschluß des Konkursgerichts erfolgt, steht natürlich die Wiedereröffnung gleich KO. 198; dieselbe kann eintreten, wenn der Gemeinschuldner wegen betrüglichen Bankerutts rechtskräftig verurteilt ist. Wenn das außerordentliche Zurückbehaltungsrecht einmal entstanden ist, so wird es, falls das Konkursverfahren nach KO. 202 auf Antrag des Gemeinschuldners oder nach KO. 204 wegen Mangels einer die Kosten des Verfahrens deckenden Masse eingestellt wird, dadurch nicht beseitigt. Denn im ersten Falle wird festgestellt, daß die materiellen Voraussetzungen einer Konkurseröffnung nicht vorhanden sind und die Eröffnung des Verfahrens deshalb keine materiellen Folgen haben kann. Im zweiten Falle bestehen zwar diese Voraussetzungen, die Einstellung hat hier aber nur den Grund, daß bei Durchführung des Verfahrens keine Vermögenswerte mehr vorhanden sein würden, um die Gläubiger auch nur zu einem Teil zu befriedigen, oder daß die Gläubiger sich über eine außergerichtliche Auseinandersetzung geeinigt haben. Wird dagegen der die Konkurseröffnung aussprechende Beschluß nach KO. 109 angefochten und infolgedessen aufgehoben, so wird ein geltend gemachtes außerordentliches Zurückbehaltungsrecht unzulässig (Düringer-Hachenburg 575). Zur Geltendmachung des außerordentlichen Zurückbehaltungsrechts genügt es nicht, wenn die Eröffnung des Konkurses über das Vermögen des Schuldners zwar noch nicht eingetreten, aber mit Wahrscheinlichkeit zu erwarten ist, es muß vielmehr verlangt werden, daß die Konkurseröffnung erfolgt ist (J. W. 81, 34; Busch A. 42, 15; RG. 3, 113). Eine Ausdehnung dieser Vorschrift über ihren Wortlaut hinaus ist um so weniger zulässig, da diese sich als eine Ausnahme von allgemeinen Rechtsgrundsätzen darstellt. Der Konkurs muß eröffnet sein, es ist deshalb nicht möglich, ein Zurückbehaltungsrecht geltend zu machen, wenn schon vor dessen Entstehung der Konkurs beendet wurde.

b) Das Gesetz stellt der Zahlungsunfähigkeit die Zahlungseinstellung gleich. Konkurs und Zahlungseinstellung sind nicht identisch, indem die Konkurseröffnung auch ohne die Zahlungseinstellung möglich ist und die Konkurseröffnung nicht sofort mit der Zahlungseinstellung stattfindet, vielmehr einer richterlichen

Verfügung bedarf. Die Zahlungseinstellung, welche nicht mit der Zahlungsstockung zu verwechseln ist, gilt nach Ansicht des Reichsgerichts (6, 95) als erfolgt, wenn der Schuldner selbst der Wahrheit entsprechend seinen Gläubigern erklärt, daß er seine Schulden, wie sie fällig werden, im ganzen zu befriedigen keine Mittel habe, und demnächst oder zugleich unterläßt, fällig werdende Forderungen zu befriedigen (vgl. auch RG. 14, 221; 21, 23; 50, 39). Der Umstand, daß er kleinere Schulden nun dennoch befriedigt, oder daß er, um eine Pfändung nicht eintreten zu lassen, auch größere Schulden bezahlt, wenn ihm deshalb Pfändung droht, während er die übrigen fällig gewordenen Schulden unbezahlt läßt, beseitigt die Zahlungseinstellung so wenig, wie der Umstand, daß der Schuldner sein Geschäft fortgesetzt hat (RG. 51, 414; Gruchot B. 49, 1084). Die oben erwähnte Zahlungsstockung, d. h. eine nur vorübergehende Zahlungsverlegenheit, genügt nicht, um darauf die Geltendmachung des außerordentlichen Zurückbehaltungsrechts zu stützen. Ein Gläubiger, der zur Zeit der Konkurseröffnung oder Zahlungseinstellung Sicherheiten für seine Forderungen gegen den Schuldner in Händen hat, kann trotzdem ein Zurückbehaltungsrecht geltend machen, denn einmal kann der Wert der Sicherheiten geringer sein als die Forderungen, sodann ist noch mit der Möglichkeit zu rechnen, daß der Wert Schwankungen unterliegt und so weit sinken kann, daß der Erlös nicht zur Deckung ausreicht (Kaufmann 4, 137; OLG. 6, 88).

c) Die Zwangsvollstreckung in das Vermögen des Schuldners ist dann ohne Erfolg versucht, wenn sie zu keiner oder zu keiner vollständigen Befriedigung des betreibenden Gläubigers geführt hat; hier hat sie zwar einen Erfolg gehabt, aber nicht denjenigen, welchen sie haben sollte, und daher ist sie auch als erfolglos im Sinne des § 370 II anzusehen (vgl. Fischer-Henle Handausgabe zum BGB. Anm. 10 zu § 773). Es ist nicht notwendig, daß der zurückbehaltende Gläubiger es war, der die erfolglose Zwangsvollstreckung versucht hat; es kommt auch nicht darauf an, aus welchem Grunde die Zwangsvollstreckung stattfand, ob für eine Handelssache oder nicht. Nicht genügend ist es, wenn die ohne Erfolg versuchte Zwangsvollstreckung wegen Herausgabe eines bestimmten Gegenstandes erfolgt war, denn dies ist kein

Kriterium für die Unsicherheit des Schuldners; der Gerichtsvollzieher kann Bargeld in Mengen vorgefunden haben und doch ist diese Zwangsvollstreckung ohne Erfolg verlaufen. Es genügt, wenn sich die Vollstreckung auf das bewegliche Vermögen des Schuldners beschränkt hat (DÜRINGER-HACHENBURG 577). Der Nachweis erfolgloser Pfändung wird durch ein Pfändungsprotokoll (ZPO. 762) geführt. Liegt die erfolglose Pfändung allzuweit zurück, so daß anzunehmen ist, daß diese im Verkehr nicht mehr beachtet wird, so kann auf diese die Geltendmachung des Zurückbehaltungsrechts nicht mehr gestützt werden. Dem Schuldner ist auch, mit Rücksicht auf Treu und Glauben, zu gestatten, daß er nachweist, zurzeit seien seine Vermögensverhältnisse im Gegensatz zur Zeit der erfolglosen Zwangsvollstreckung gebessert.

In allen diesen Fällen, aber nur in diesen Fällen, kann das außerordentliche Zurückbehaltungsrecht geltend gemacht werden. Obwohl das Anwendungsgebiet des § 370 sicher viel weiter reicht, als das des § 369, so ist doch § 370 als Ausnahme und § 369 als Regel zu betrachten. Aus diesem Grunde wird auch das Zurückbehaltungsrecht des § 369 als das ordentliche und das des § 370 als das außerordentliche bezeichnet, obwohl es in der Praxis gerade umgekehrt ist. Die Vorschrift des § 370 ist deshalb weder extensiv, noch restriktiv, sondern strikte zu interpretieren; sonstige Unsicherheit des Schuldners genügt daher nicht (RG. 3, 115).

Falls eine von diesen Voraussetzungen vorliegt, dann soll nach § 370 das Zurückbehaltungsrecht geltend gemacht werden können, wenn die Forderung noch nicht fällig ist; und ebenso dann, wenn eine Anweisung von seiten des Schuldners erteilt, oder eine Verpflichtung seitens des Gläubigers übernommen worden ist, in einer bestimmten Weise mit den Gegenstand zu verfahren, sofern die oben besprochenen Unsicherheitsmerkmale erst nach der Übergabe des Gegenstandes oder nach der Übernahme der Verpflichtung dem Gläubiger bekannt werden. Es steht der Geltendmachung des Zurückbehaltungsrechts nicht entgegen, ob vor oder nach der Erteilung der Anweisung bzw. Übernahme der Verpflichtung die Unsicherheit auch eingetreten ist, oder ob der Gläubiger die Unsicherheit hätte kennen müssen. Wenn aber der Gläubiger zur Zeit als er den Besitz bekam und eine Anweisung erteilt oder nach Erlangung des Besitzes eine Verpflichtung von seiner Seite ausdrücklich oder stillschweigend durch Annahme der Sache ohne Widerspruch gegen eine von dem Schuldner bei der Übergabe erteilten Vorschrift übernommen wurde, deren Erfüllung der Zurückbehaltung widerstreitet, die unsichere Vermögenslage des Schuldners eingetreten und ihm bekannt geworden, mithin das Zurückbehaltungsrecht nach der Regel des § 370 ihm zustand, so verstieße es gegen Treu und Glauben, wenn er ein Zurückbehaltungsrecht geltend machen dürfte; es ist vielmehr in der Übernahme solcher Verpflichtungen ein Verzicht auf das Zurückbehaltungsrecht des § 370 zu finden (RG. 12, 90; Annalen des RG. 9, 426). Die übrigen Voraussetzungen, die der § 369 verlangt, müssen natürlich auch hier vorliegen, um das Zurückbehaltungsrecht geltend machen zu können. Die Forderung muß unbedingt sein (Staub Anm. 2 zu 370), nur Makower (1130) sagt, daß dies nicht notwendig sei, nur bestehe während schwebender Bedingung (außer bei auflösender Bedingung im Konkurs, KO. 66) lediglich das im Zurückbehaltungsrecht liegende Herausgabeweigerungsrecht, nicht auch das darin liegende Befriedigungsrecht. Doch wie oben schon angeführt, widerstreitet eine solche Ansicht dem Charakter des Zurückbehaltungsrechts und ist deshalb nicht zu billigen.

Der Geltendmachung des Zurückbehaltungsrechts steht die Anweisung des Schuldners oder die Übernahme der Verpflichtung seitens des Gläubigers nur dann nicht entgegen, wenn dem Gläubiger das Vorhandensein der drei Tatsachen erst nach der Übergabe der Sachen (Busch A. 14, 129) oder nach der Übernahme der Verpflichtung bekannt geworden ist (Seuffert A. 55, Nr. 22). Im alten HGB. hieß es noch: „eingetreten oder bekannt geworden sind", das ist jetzt weggelassen, fortan kommt es nur auf die Kenntnis des Gläubigers an. Ist der Konkurs erst nach der Übergabe oder nach der Verpflichtungsübernahme entstanden, so hindert dies die Geltendmachung des Zurückbehaltungsrechts nicht, ebenso nicht, wenn der Konkurs früher entstanden, aber erst später dem Gläubiger bekannt geworden ist (RG. 12, 91), denn in diesem Falle ist er dem Gläubiger erst später bekannt geworden (Staub Anm. 4 zu 370).

Muß nun die Forderung, derentwegen zurückbehalten wird, vor dem Eintritt einer der drei in § 370 genannten Tatsachen entstanden sein, oder kann auch wegen einer nachher entstandenen Forderung zurückbehalten werden? In diesem Falle ist dahin zu entscheiden, daß die Forderung früher entstanden sein muß (ebenso ANSCHÜTZ-v. VÖLDERNDORFF 202). Denn es wäre gegen Treu und Glauben, wenn ein Kaufmann, der, obwohl er wußte, daß auf seiten seines Gegners einer der drei Unsicherheitsmerkmale vorlagen, diesem Kredit gewährt hat, plötzlich, bevor seine Forderung fällig wurde bzw. entgegen der ihm erteilten Anweisung oder übernommenen Verpflichtung an den Gegenständen des Schuldners ein Zurückbehaltungsrecht ausüben wollte. Nur dann, wenn der Gläubiger zu einer Zeit, wo die Unsicherheit des Schuldners bereits eingetreten und ihm bekannt geworden war, also das Zurückbehaltungsrecht nach § 370 gegeben war, Verpflichtungen übernimmt, deren Erfüllung der Zurückbehaltung widerstreitet, ist in dieser Übernahme ein Verzicht auf das nach § 370 stattfindende Zurückbehaltungsrecht zu finden (RG. 12, 90).

Folgen mehrere der in § 370 genannten Unsicherheitsmerkmale aufeinander, oder tritt eines dieser wiederholt ein, so hat jedes neue, selbständige dieselbe Wirkung wie das vorhergegangene, es kann also nach jedem neuen Eintreten dieser Merkmale wegen den inzwischen entstandenen neuen Forderungen das außerordentliche Zurückbehaltungsrecht ausgeübt werden (PUCHELT 4 zu Art. 314).

Literatur.

Die Zitiermethode folgt den Vorschlägen des 27. deutschen Juristentages.

ADLER, in HOLDHEIMS Monatsschrift. Bd. 6 S. 9f.
AUERBACH, Das neue Handelsgesetz 1863.
AUERBACH, im Archiv für deutsches Wechsel- und Handelsrecht. Herausgegeben von SIEBENHAAR. Bd. 11 S. 337 f.; Bd. 12 S. 19 f.
BECKER, Das kaufmännische Zurückbehaltungsrecht des neuen Handelsgesetzbuches. Diss. Göttingen 1901.
BEHREND, Lehrbuch des Handelsrechts 1896.
BELKIN, Das Zurückbehaltungsrecht nach bürgerlichem Recht und nach Handelsrecht. Diss. Rostock 1903.
CÄSAR, Wodurch unterscheidet sich das kaufmännische Zurückbehaltungsrecht vom Zurückbehaltungsrecht des BGB. Diss. Freiburg 1904.
COSACK, Lehrbuch des Handelsrechts. 6. Aufl. Stuttgart 1903.
DERNBURG, Das bürgerliche Recht des Deutschen Reichs und Preußens. Bd. 2, 1. Abt. 3. Aufl. Halle 1905; Bd. 3, 3. Aufl. Halle 1904.
DERNBURG, Bürgerliches Recht 1898. Bd. 3 S. 282.
DERNBURG, Geschichte und Theorie der Kompensation. 2. Aufl. 1868 S. 442f.
ENDEMANN, Handbuch des deutschen Handels-, See-, Wechselrechts. Bd. 2. Leipzig 1882.
ENDEMANN, Das deutsche Handelsrecht. 4. Aufl. Leipzig 1887.
Entwurf eines HGB. nebst Denkschrift. Berlin 1896.
FRANCK, im Archiv für deutsches Wechsel- und Handelsrecht. Herausgegeben von SIEBENHAAR. Bd. 13 S. 225f.
FROMMHOLD, Das kaufmännische Zurückbehaltungsrecht des neuen HGB. Diss. Leipzig 1903.
FULDA, Das Zurückbehaltungsrecht. Diss. Greifswald 1900.
GAD, Handbuch des allgemeinen deutschen Handelsrechts. Bd. 1. Berlin 1863.
GAREIS, Das deutsche Handelsrecht. 7. Aufl. 1903.
GOLDSCHMIDT, Handbuch des Handelsrechts. 2. Aufl. Bd. 1. Erlangen 1874; davon Abt. 1 Universalgeschichte des Handelsrechts. 3. Aufl. 1901; 2. Abt. 1868.
GOLDSCHMIDT, in GOLDSCHMIDTS Zeitschrift für das gesamte Handelsrecht. Beilageheft zu 3.
GRAUPNER, Das kaufmännische Zurückbehaltungsrecht nach dem HGB. vom 10. Mai 1897. Diss. Leipzig 1903.
HAHN-MUGDAN, Die gesamten Materialien zu den Reichsjustizgesetzen. Bd. 6. Berlin 1897.
KAUFMANN, Die wesentlichen Unterschiede des alten und neuen Handelsgesetzbuchs. 2. Aufl. 1901.
KAUFMANN, Handelsrechtliche Rechtsprechung.

KÖNIG, Das Retentionsrecht. Beitrag zu Art. 224 des schweizerischen Obligationenrechts in: Zeitschrift der Berner juristischen Vereinigung. Bd. 27. 1891.

Kommentare zum allgemeinen deutschen Handelsgesetzbuch von ANSCHÜTZ-VON VÖLDERNDORFF Bd. 3. Erlangen 1874. — GAREIS-FUCHSBERGER. Berlin 1891. — VON HAHN Bd. 2. 2. Aufl. Braunschweig 1875. — LITTAUER 5. Aufl. Berlin 1883. — PUCHELT Bd. 2. 4. Aufl. Leipzig 1894.

Kommentare zum Handelsgesetzbuch vom 10. Mai 1897 von DÜRINGER-HACHENBURG Bd. 2. Mannheim 1901. — GAREIS 3. Aufl. München 1905. — GOLDMANN Bd. 3. Berlin 1905. — LEHMANN-RING Bd. 2. Berlin 1901. — LITTAUER-MOSSE 13. Aufl. Berlin 1905. — MAKOWER Bd. 2. Berlin 1907. — STAUB Bd. 1 und Bd. 2, 1. Abt. 8. Aufl. 1907.

KORN, Das kaufmännische Retentionsrecht nach dem deutschen Handelsgesetzbuch. Diss. Tübingen 1881.

LABAND, in GOLDSCHMIDTS Zeitschrift für das gesamte Handelsrecht. Bd. 9 S. 225. Erlangen 1866.

LANG, Das kaufmännische Retentionsrecht nach Art. 313—316 des ADHGB. Diss. Halle 1880.

LANGFELD, Die Lehre vom Retentionsrecht nach gemeinem Recht. Rostock 1886.

LEHMANN, in GOLDSCHMIDTS Zeitschrift für das gesamte Handelsrecht. Bd. 48 S. 77.

LINDE, Das Zurückbehaltungsrecht des HGB. für das deutsche Reich vom 10. Mai 1897. Diss. Leipzig 1902.

LUTZ, Protokolle der Kommission zur Beratung eines allgemeinen deutschen Handelsgesetzbuchs. Würzburg 1858.

MARCKHOFF, Das Zurückbehaltungsrecht des Kaufmanns. Diss. Göttingen 1888.

MÜLLER, Das Zurückbehaltungsrecht nach dem Handelsgesetzbuch. Diss. Rostock 1901.

NERESHEIMER, Das kaufmännische Zurückbehaltungsrecht. Diss. Erlangen 1895.

NOACK, Das Zurückbehaltungsrecht nach dem Bürgerlichen und nach dem Handelsgesetzbuch. Diss. Leipzig 1903.

PLANITZ, Das Wesen des kaufmännischen Zurückbehaltungsrechts geschichtlich entwickelt. Diss. Leipzig 1906.

PICK, Das kaufmännische Zurückbehaltungsrecht. Diss. Rostock 1903.

RECH, Das Rechtsverhältnis. Ein Beitrag zur Lehre von der Konnexität und dem Zurückbehaltungsrecht. Diss. Bonn 1904.

REICHARDT, Das kaufmännische Zurückbehaltungsrecht. Diss. Jena 1902.

REINHOLD, Das allgemeine und kaufmännische Zurückbehaltungsrecht. Wien 1889.

RIESSER, In GOLDSCHMIDTS Zeitschrift für das gesamte Handelsrecht. Beilageheft zu 33 S. 21.

SCHLEGELBERGER, Das Zurückbehaltungsrecht. Jena 1904.

SCHRÖMBGENS, Das kaufmännische Zurückbehaltungsrecht verglichen mit der Kompensationsbefugnis und dem Pfandrechte. Diss. Erlangen 1899.

SCHULZE, Das Verhältnis des handelsrechtlichen Zurückbehaltungsrechts zu dem des bürgerlichen Gesetzbuchs. Diss. Leipzig 1904.

SIEGEL, Corpus iuris cambialis 1742; fortges. von UHL 1772.

SIEVERS, im sächsischen Archiv für deutsches bürgerliches Recht. Bd. 14 S. 162. Leipzig 1904.

SONNENSCHEIN, Das Zurückbehaltungsrecht des bürgerlichen Gesetzbuchs und das kaufmännische Zurückbehaltungsrecht. Diss. Erlangen 1905.

STAUB, Supplement.

Stenographische Berichte des Reichstags. Berlin 1897.

STRÄULI, Das Retentionsrecht nach dem Bundesgesetz über das Obligationenrecht. Diss. Zürich 1885.

Thöl, Das Handelsrecht. 6. Aufl. Leipzig 1879.
Volmer, Unterschied des kaufmännischen Retentionsrechts von dem des gemeinen Rechts. Diss. Erlangen 1895.
Wackerbauer, Das kaufmännische Zurückbehaltungsrecht nach dem deutschen Handelsgesetzbuch. Diss. Erlangen 1891.
Wächter, Das Handelsrecht nach dem allgemeinen deutschen Handelsgesetzbuch. Leipzig 1865.
Wertheimber, Das kaufmännische Zurückbehaltungsrecht nach dem Handelsgesetzbuch vom 10. Mai 1897. Diss. Erlangen 1906.
Wolff, in Buschs Archiv für Theorie und Praxis des allgemeinen deutschen Handelsrechts. Bd. 3 S. 251 f. Leipzig 1864.
Wolff, Das Zurückbehaltungsrecht des Handlungsreisenden in: Badische Rechtsprechung 68. Jahrgang 1902 S. 41—42.

Zeitschriften und Entscheidungssammlungen.

Annalen des Reichsgerichts; herausgegeben von Braun und Blum.
Archiv für deutsches Wechselrecht und Handelsrecht; herausgegeben von Siebenhaar.
Archiv für zivilrechtliche Entscheidungen der königlichsächsischen Justizbehörden; herausgegeben von Wengler.
Beiträge zur Erläuterung des deutschen Rechts; herausgegeben von Gruchot.
Bolze, Praxis des Reichsgerichts in Zivilsachen.
Busch, Archiv für Theorie und Praxis des allgemeinen deutschen Handels- und Wechselrechts.
Centralorgan für das deutsche Handels- und Wechselrecht; herausgegeben von Löhr.
Deutsche Juristen-Zeitung; herausgegeben von Laband, Hamm und Heinitz.
Entscheidungen des (Bundes-)Reichsoberhandelsgerichts.
Entscheidungen des Reichsgerichts in Zivilsachen.
Jahrbuch des deutschen Rechts; herausgegeben von Neumann.
Juristische Wochenschrift; herausgegeben von Neumann.
Monatsschrift für Handelsrecht und Bankwesen; herausgegeben von Holdheim.
Das Recht, Rundschau für den deutschen Juristenstand; herausgegeben von Soergel.
Die Rechtsprechung der Oberlandesgerichte auf dem Gebiete des Zivilrechts; herausgegeben von Falkmann und Mugdan.
Stegemann, Die Rechtsprechung des deutschen Oberhandelsgerichts.
Seufferts Archiv für Entscheidungen der obersten Gerichte.
Sächsisches Archiv für bürgerliches Recht und Prozeß; herausgegeben von Hoffmann und Wulfert.
Warneyer, Jahrbuch der Entscheidungen.
Zeitschrift für Gerichtspraxis und Rechtswissenschaft in Deutschland; herausgegeben von Stenglein.
Zeitschrift für das gesamte Handelsrecht; herausgegeben von Goldschmidt.

Druck von Metzger & Wittig in Leipzig.

Kolibri 360 GmbH
Ferdinand-Jühlke-Straße 7
99095 Erfurt, Deutschland
produktsicherheit@kolibri360.de